日経TEST

Nikkei Test of
Economic Sense
and Thinking

公式テキスト&問題集
2023−24年版

日本経済新聞社編

まえがき

　日経TEST（日経経済知力テスト）とは、日本経済新聞社が実施している、ビジネスに必要な経済知識と、それを仕事に応用して考える力（経済知力）を客観的に測り、スコアで示すテストです。

　経済はめまぐるしく変化しています。多くのビジネスパーソンの皆さんは、日々、日本経済新聞などを通じて経済情報の吸収に努められていると思いますが、周囲に比べて「どこまで」できているか、過去の自分と比べて「どれだけ」成長したかは、客観的に評価しにくいものです。これから取り組む方や、就職を控えた学生の皆さんにとっては、「どこから」手をつければよいか、見当がつきにくいと思います。

　そうした皆さんに、「自分の経済知力がビジネス社会でどのレベルにあるか」を数値化して示すのが、日経TESTです。受験結果は英語能力のテストなどと同様、項目反応理論（IRT）に基づく統計処理を行った1000点満点の「経済知力スコア」で示します。業種、役職、就業年数によりどの程度のスコアが求められるのかの目安も設けています。

　スコアで実力が分かり、「どこまで」という目標が設定できるので、レベルアップの必要を痛感されている方、これから学ぼうという方には特に適したテストです。問題形式はすべて四肢択一式で100問、時間は80分。得意分野・不得意分野の診断も提供します。

　出題ジャンルは経済・金融・産業から、消費、科学技術、国際情勢まで幅広く、皆さんのそれぞれの仕事を掘り下げるうえで必要な分野をカバーしています。知識に基づき考える力も測るのが特長で、独自の「5つの評価軸」を設けてその力を測定しています。このような幅広い分野を対象に、仕事に応用して考える力を客観的に測るテスト機能は、日経TEST以外にないものです。

　出題の材料は「生きた経済」です。経済・ビジネスの最新の動きを題材に問題を更新しているので、経済ニュースへの感度を高め、そのつど考える習慣をつけておくことが、経済知力のアップに有効です。そのため本書

も毎年、「年版」を発行し、最新の経済動向を盛り込んだ解説と練習問題を収録してきました。

2022-23年版を発行してこの1年、ロシアのウクライナ侵攻、米国の金融政策転換、日本の超円安など、経済・ビジネス環境は激変しました。2023-24年版の基本的な構成は変わりませんが、解説内容も練習問題もこれに合わせて全面更新しています。

日経TESTはいわゆる資格試験や検定試験と異なり、このテキスト一冊をマスターすれば合格、というテストではありません。しかし、本書を読み通すことで、複雑に見える世界経済・日本経済の全体像がつかめ、難しいと感じていた日々の経済ニュースが頭に入りやすくなり、測定対象とする「経済知力」のアップにつながるはずです。

昨年版までと同様、練習問題とその解説も含め、新しい知識を吸収しながら楽しんで読み進めることができる、ストーリー性を意識した構成にしています。日経TESTを当面、受験する予定のない方にとっても、23〜24年の世界経済・日本経済のポイントを「そもそも」から、最新情勢を盛り込んだ先読みまで、まとめてつかめる一冊として、お勧めします。

なお、日経TESTは個人でも法人単位でも受験できるテストセンター試験と全国一斉試験、法人単位で受験する企業・団体試験のメニューを用意しています。全国一斉試験については22年秋から新たなオンライン試験方式を導入しました。23年秋も同様に実施する予定で、実施時期などは公式ウェブサイトでお知らせします。

社員教育・研修の一環として導入いただく企業も引き続き増えています。人材育成のリーダーとなる皆様もお手に取り、導入検討の材料にしていただければ幸いです。

2023年3月

日本経済新聞社 日経TEST編集長 石塚慎司

目　次

まえがき ……………………………………………………………………… 3
本書の読み方・使い方 ……………………………………………………… 8

ガイダンス　日経TESTとは　Guidance

1. 日経TESTの概要／2. 日経TESTの問題構成／3. 日経TESTの出題ジャンル／4. 日経TESTのスコア／5. 個人成績表

第1章　基礎知識　Basic

 マクロとミクロから経済の全体像をつかむ ………………… 18

経済全体の水準をつかむGDP、3カ月ごとに「速報」／個人消費が50％以上、輸出入は差し引きでカウント／日本のGDP、総額で世界3位、1人当たり2C位台／長引くデフレで低迷、中国に抜かれ10年で3分の1に／失業率・求人倍率は記録的改善も、コロナ危機下で「隠れ失業」／消費者物価指数は「低体温」、上がりにくいデフレ構造／景気動向指数、「谷」から「山」が景気回復期間／景気の先行きを読む「短観」、業況判断指数に注目／国の財政、収入の3分の1は借金／社会保障費の急増で「ワニの口」広がる／金融政策の基本、「緩和」と「引き締め」／FRBもECBも利上げ、日銀新体制下の政策に注目／円高・円安、立場によってメリット・デメリット／為替レートを動かす投資マネー、基本は日米金利差／株価は経済の動きを先取り、全体の動きを示す日経平均／円相場との連動薄まる、製造業の海外生産が影響／企業を見る基本は決算情報、要点は「決算短信」で／本業のもうけは営業利益、株主は純利益を注視／財政状態はBS、お金の流れはキャッシュフロー計算書／業種・会社により変わる利益率にも注目／「取締役」は株主に代わって経営を監視／株主はROEを重視、事業全体の収益力はROA／広がるCSR重視経営、ESGの「G」はガバナンス／法務・人事──「働き方」の法律、実務常識として不可欠／生産技術・テクノロジー──「ものづくり」を考える基礎／マーケティング・販売──基本的な用語の概念をまず知る

練習問題・解説　55

第**2**章　実践知識　Knowledge

（入門解説）世界経済と業界を知り企業戦略の背景をつかむ ················· 76

■**米国経済** 消費が70％を占める経済、経常収支は巨額の赤字／金融政策と雇用に注目、22年は4回連続0.75％ずつの利上げ／中間選挙で「ねじれ議会」、24年大統領選へ国内分断加速も　■**中国経済** 投資主導から消費主導へ、「共同富裕」がキーワード／習近平体制3期目、2049年の建国100年へ強国戦略／人口減が成長のネックに、過剰債務もリスク要因　■**欧州経済** 市場と通貨と金融政策を統合、英国脱退し27カ国／高い失業率、ポピュリズム台頭の背景／ロシア産エネルギーに依存、各国政権も不安定　■**アジア・新興国経済** ASEAN、中間層の消費市場拡大／インドは人口で世界最大へ、ロシアは資源依存経済／資源国、「脱炭素」への対応も課題に　■**世界の貿易体制** WTO、自由化交渉「漂流」で、メガFTAが拡大／中台がTPP加盟申請、米国はIPEFで「対中包囲網」　■**自動車** 裾野広い自動車、世界最大の市場は中国／EVシフト、トヨタは「2030年に年間350万台」／米テスラ、「脱・売り切り」で利益率突出／「車を造る」から「移動サービスを提供」へ／脱ガソリン、自動車産業の裾野に広く影響　■**電機・精密・電子部品** 事業再編進む日立、総合電機から「デジタル会社」へ／ソニーグループは電機からエンタメ稼ぎ頭の複合企業に／参入続く「医療」、キヤノンと富士フイルムが相次ぎM&A／電子部品、自動車のEV化で好調　■**通信・ネットビジネス** 携帯に「第4のキャリア」、料金値下げ競争が激化／NTTグループの再編、完全子会社のドコモは法人向け強化／ヤフー・LINEが統合、動画配信も伸びる　■**金融** 低金利が経営を圧迫、デジタル化で店舗削減一段と／政府・日銀が統合・再編後押し、規制緩和で異業種参入も　■**小売り・商社** コロナ禍から復調、セブン&アイは海外買収効果で首位に／コンビニは成長頭打ち、PBなどの商品力強化／長期低落の百貨店、そごう・西武は米投資ファンドに売却／家電は新市場開拓、SPAは物流デジタル・自動化を急ぐ／総合商社、「非資源」に加え、再生ニネへの投資に注力

練習問題・解説　115

第**3**章　視野の広さ　Sensitive

（入門解説）政治・地理・社会「なんでも経済」の視点で世の中を見る ···· 136

「政府」の仕組み、法案や重要方針を「閣議決定」／「スケジュール」で動く国会、与党は法案提出前に議論／ロシアのウクライナ侵攻、世界の小麦需給に影響／先進国に偏る食料生産、中国の需要も急拡大／人口構成で読む未来、社会変化を映す「世代」／「コスパ&タイパ」、Z世代の消費スタイル反映

練習問題・解説　147

第4章 知識を知恵にする力 Induction

例題解説 経済・ビジネスを動かす共通点を見いだす ···················· 168

条件文に共通する「課題」を探す／「眠らない日本」睡眠時間はOECDで最下位／機能性飲料で大ヒット、家電やDXも／選択肢に共通するキーワードを抽出／政府も後押し、人材移動を成長戦略に／外れた要素には「技術継承」のキーワード

練習問題・解説 175

第5章 知恵を活用する力 Deduction

例題解説 因果関係をつかみ先を読む力を鍛える ························ 196

お金の流れ、「リスク」と「米金利」が左右／安全資産の金、米金利動向にも敏感／「リスクオフの円高」は戻るか／時間当たり、1人当たりとも2021年は過去最低順位／分子＝付加価値を上げる産業への人材移動が必要

練習問題・解説 203

第6章 ステップアップ解説 Step-up

経済の先を読むポイント
インフレ・金利・分断 ·· 224

世界景気の後退回避へ、米インフレ収束カギ／異次元金融緩和に転機、日銀新体制で政策修正へ／分断深まる世界経済、権威主義対民主主義

まとめ・学習のポイント ·· 231
日経 TEST の実施要項、種類など ··· 238
索　引 ·· 241

本書の読み方・使い方

　日経TESTの実際の試験では、この後のガイダンスで説明する「5つの評価軸」に基づき、評価軸ごとに20問ずつ、合計100問を毎回、出題しています。本書はその評価軸を第1章〜第5章に分けました。

　「知識」を問う第1章〜第3章では、冒頭でその評価軸の出題趣旨を説明した後、問題を解くうえで必要な経済・ビジネス知識に関する「入門解説」を掲載しました。

　その後に、実際の日経TESTの出題形式に準じた「練習問題」を20問ずつ掲載しました。奇数ページに問題、その裏のページに正解と解説という構成です。

　「考える力」を問う第4章〜第5章については、入門解説の代わりに「例題解説」を掲載しました。実際の出題形式に沿い、どのように解答を得るかというプロセスも解説しています。その後の第6章「ステップアップ解説」では、2023〜24年時点でポイントとなる大きなテーマを掘り下げました。最後に、学習法に関するアドバイスなどを補足した「まとめ・学習のポイント」を掲載しました。

　「練習問題」は、解答の解説とセットで読んでいただくことで、入門解説では触れられなかったポイントや用語の知識を補足いただけます。各問題の「KEYWORD」は知っておきたいポイントを示します。

　なお、実際の日経TESTは能力測定が目的なので、問題形式は本書と同じですが、100問を80分で解いていただくために短時間で答えられる問題、少し考える問題を取り交ぜ、テンポよく答えられるようになっています。これに対して本書内の問題は、「学習」が目的です。印象に残るように実際のテスト問題よりややひねった設問もあることを、ご承知おきください。

　また、解説・問題の内容は概ね2023年1月までの情報に基づいていることをお断りしておきます。

ガイダンス
日経 TEST とは
Guidance

日経 TEST とは、ビジネスパーソンが仕事をするうえで必要な「知識」と、それに基づく「考える力」で構成される「経済知力」を客観的に測るテストです。日経 TEST とは、どのような仕組みなのか。能力を測る「5つの評価軸」と、出題領域となる「6つのジャンル」の内容とともに、問題が異なるどの回のテストを受けても同じ尺度で受験者の能力を測る、IRT（項目反応理論）テストの仕組みをご紹介します。

1. 日経TESTの概要

　日経TESTの正式名称は「日経経済知力テスト」。通称を「テスト」ではなく英字で「TEST」としているのは、「経済知力テスト」を英訳した「Test of Economic Sense and Thinking」の頭文字、という意味を込めています。

　第1章以降の解説や練習問題にもたびたび登場するように、日本経済は人口減少やグローバル化に加え、急速に進むデジタル化など、多くの課題に直面しています。ビジネスに携わる一人ひとりの人材力が、日本経済の国際競争力を高めるためにも、ますます重要となります。そのための基礎力の1つが、日経TESTが測る、「経済知力」です。

　変化に対応しながら、ビジネスに取り組み、成果を上げることができる人材には、2つの要件があると考えられます。

　1つは、経済・ビジネスに関する知識の量と幅が十分であること。もう1つは、ストックした知識を活用する、考える力を備えていることです。

　前者に関しては、経済・ビジネス用語など言葉の意味を知るだけでなく、その仕組みや流れを的確につかんでいると、より高いレベルとなり、ビジネス上の思考活動に必要な情報を効率よく収集できるようになります。

　後者はいわば、知識からビジネスのアイデアの種を引き出す力です。知識に基づき情報を収集した後に、選別・整理した情報から「仮説」を構築したり、因果関係を考え出したりする力を意味します。

　この2つを総合したのが「経済知力」です。経済知力を高いレベルで保有している人ほど、最近の日本企業の中で特に求められている、新しい事業の創出など「イノベーションを起こせる人材（変革人材）」の条件を満たすと考えられます。この能力を客観的に測るアセスメントツールとして日本経済新聞社が開発したのが、日経TESTです。

　「経済知力」というと何か難しく聞こえますが、企業の経営幹部が経営計画を練るような場合に限らず、一般社員が日常業務で問題解決を進める

場合など、ビジネス上の思考活動では必ず、「知識」と「考える力」を動員します。例えば、「新しい商品やサービスを開発する」という思考について考えてみましょう。進め方は多様ですが、以下のような流れが一般的と考えられます。

❶ 日ごろから情報のアンテナを高く立てて、社会の動きや同業他社・他業界の動向を十分に知識として押さえておく。
❷ 複数の知識や情報に共通する「消費トレンド」や「ヒットの法則」を見つける。
❸ 見いだした「トレンド」や「法則」と自社の強みから、自社に最適な商品やサービスを発想する。

　このように、知識のストックと、それを活用する考える力が備わっていることで、新商品・サービスの開発という、ビジネス上の思考活動を円滑に進めることが可能になります。言い換えると①は、他分野や他業界の情報まで網羅した「視野の広さ」、②はさまざまな目線で物事をとらえ、未来を見通して考えることができる「高い視座」、③はそこから新しいアイデアを発想できる「鋭い視点」を備えている人材といえます。
　仕事にかかわる業種や地域が広がるほど、より多くの知識と提案力が必要になります。また、リーダーや管理職になるほど求められるレベルは高くなります。一つひとつの事例への答えはすべて異なるものですが、適切な答えを導く基礎力と応用力が身についているかどうかを客観的に測るのが、日経TESTの特長です。

2. 日経TESTの問題構成

　日経TESTは前項で述べた経済知力を、経済知識に関しては「基礎知識」「実践知識」「視野の広さ」の3つ、考える力に関しては「知識を知恵にする力」「知恵を活用する力」の2つの評価軸で測ります。それぞれの評価軸について、簡潔に説明しておきます。

●基礎知識 ［Basic］

　経済・ビジネスを正しく理解するための基礎知識です。「GDP」「金利」など経済・経営に関する基本知識に加え、決算書の読み方など会計や、法律・働き方、マーケティングなどに関する実務的な知識も含みます。

●実践知識 ［Knowledge］

　企業を取り巻く国内外の経営環境と、その変化に応じた対応（企業戦略）などに関する知識です。自社が属する業界だけでなく、他社・他業界の動向にも関心を持ち、アンテナを高くしておくことが必要です。

5つの評価軸の関連図

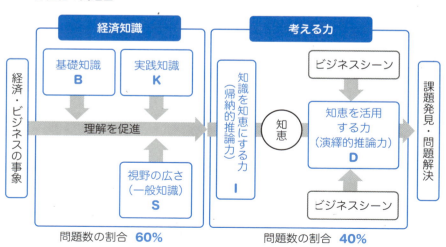

●視野の広さ［Sensitive］

多様な社会現象や内外政治、地球環境、科学技術など、いわゆる経済の枠を超えた幅広い知識を対象にします。ビジネスの役に立つ視野の広さを問います。

●知識を知恵にする力［Induction］

知識として吸収した情報から法則・共通性（一般論）を見いだし、応用可能な知恵にする力です。いわゆる「帰納的推論力」で、掲示する複数の個別事例から共通するもの、異質なものを探すなどの形式で出題します。

●知恵を活用する力［Deduction］

法則・共通性（一般論）を個別の事象に当てはめ、結論を見いだす力を指します。いわゆる「演繹的推論力」で、事象を提示して結論を特定したり、結果を提示して原因を特定したりする形式で出題します。

以上はやや抽象的ですが、第1章以降の「入門解説」や「例題解説」で、具体的に解説します。日経TESTの問題の構成としては、前のページの図のように「経済知識」に関して60問、「考える力」に関して40問という構成になっています。

3. 日経TESTの出題ジャンル

問題の評価軸は前項の5つに分かれますが、問題が属する出題ジャンル（分野）に着目すると、以下の6つに分類されます。概ねバランスを考慮して出題しますが、「経営環境」「企業戦略」に属する問題の数がやや多くなります。

●経営環境［Environment］

企業の外部環境である世界経済・日本経済の仕組みや大きな流れに関する知識と、それに基づき考える力を対象にします。「考える力」の評価軸

では、グラフを読み取る力を問う問題もあります。

●企業戦略 ［Corporate Strategy］

　主として環境変化に対応した個別の企業の経営・商品の特徴や、経営戦略などに関する問題です。前者は「実践知識」の評価軸、後者は「考える力」の評価軸で出題されることが多い分野です。

●会計・財務 ［Finance］

　企業会計・財務については、「基礎知識」の評価軸の中で、実務的な知識を問うことが比較的多いジャンルです。金融商品・金融業界に関する実践知識や戦略なども、このジャンルで出題します。

●法務・人事 ［Law］

　知的財産などビジネスに関連する法律や制度の知識もビジネスパーソンには欠かせません。働き方に関する法律などは特にそうです。知識を活用して判断する力や、「視野の広さ」も問うジャンルです。

●マーケティング・販売 ［Marketing］

　一見、飽和している市場で、新しい需要をどう開拓し、商品やサービスをどう売るか。マーケティングは経済知力が最も発揮される分野ともいえます。課題や手法を共有するための、基礎的な用語の知識も問います。

●生産・テクノロジー ［Technology］

　デジタル技術や人工知能（AI）、ロボットなど、これからのビジネスや事業展開に欠かせないテクノロジーに関する出題が増えています。「トヨタ生産方式」など生産技術に関する基礎的な知識や考え方も問います。

　なお、評価軸の頭文字「B、K、S、I、D」、出題ジャンルの頭文字「E、C、F、L、M、T」は、評価軸別スコア、出題ジャンル別スコアの記号として、個人成績表の表示の際に使用しています。

4. 日経TESTのスコア

　日経TESTの結果である経済知力スコアとは、受験者の経済知力の保有量を示します。1000点を「上限の目安」として表示します。スコアが示す能力については、以下の目安を設定しています。

スコア	能力評価のポイント
700点～	経済に関する広く深い知識をベースにした高い視座と広い視野を有し、経済全体の流れをつかみ、鋭い視点を武器に先を読む力に秀でる。組織全体の経営をリードし、変革を主導する素地を持つ。
600点～700点	経済に関する必要かつ十分な知識をベースとした視野の広さや確かな視点に基づく思考力を有し、先を読む力を持つ。部門をマネジメントし、組織変革の中核的人材になる素地を持つ。
400点～600点	経済に関する基本的な知識を有しており、これをもとに日々の業務を着実に遂行できる。部門の中核的人材として、組織力の強化に欠かせない人材である。
～400点	ビジネス活動に必要な経済に関する基本的な知識を蓄積する途上にある。

　経済知力スコアは、項目反応理論（IRT = Item Response Theory）と呼ばれる統計モデルを使って算出しています。これにより定期的な受験による個人の能力の継続比較が可能になっています。テスト結果から自分の実力レベルが分かり、次に目指すレベルが明確になります。

⊕ IRTとは

　日経TESTのように毎回、問題と受験者が異なる試験の場合、100点満点中何点という「素点」の比較では、結果が各回の難易度やそのときの受験者のレベルに左右されてしまいます。IRTとは、異なる問題からなるテストの結果を互いに比較するために開発されたテスト理論で、経済協力開発機構（OECD）の「PISA」（学習到達度調査）や国際的な英語検定試験「TOEFL」などでも使われています。

5. 個人成績表

　日経TESTを受験する方法としては、個人でも法人単位でも受験できるテストセンター試験と全国一斉試験、法人単位で随時受験できる企業・団体試験があります。

　受験後には、経済知力スコアなどを表示した個人成績表を提供します。試験の種類によって、提供のタイミングは異なります。以下の情報が掲載されています。

経済知力スコア

　前項で説明したIRTにより、常に同じ尺度で受験者の能力を測定できるように工夫されています。上限の目安は1000点です。

評価軸別スコア

　5つの評価軸別のスコアを、それぞれ100点を上限の目安にして表示します。知識と考える力を測る5つの評価軸の中でどれが得意でどれが苦手かを示します。

出題ジャンル別スコア

　6つのジャンル別のスコアを、それぞれ100点を上限の目安にして表示します。得意分野と苦手分野が分かります。

　評価軸別、出題ジャンル別のスコアも経済知力スコア同様、IRTで算出しており、強みと弱み（得意と苦手）が客観的に示されます。日経TESTの全受験者の中での相対的な位置が分かるパーセンタイルランクなどの情報も提供します。

　苦手な分野を自覚することで知識や知力の強化に努め、成長を測ることができるのが、日経TESTの特長です。受験方法などの詳細は、末尾の「日経TESTの実施要項、種類など」をご覧ください。

第 **1** 章

基 礎 知 識
Basic

★ **この評価軸の出題趣旨**

経済・ビジネス現象を正しく理解するために、「経済・経営の基本常識」
と「実務常識（ビジネスに不可欠な基礎知識）」の2つの知識を問うの
が、この評価軸です。新聞の経済記事を理解する前提となる知識が前
者、実際に仕事をするうえで知っておいてほしい知識が後者です。この
章の入門解説では、「基本常識」として知っておくべきマクロ、ミクロ
のキーワードを絞り込んで紹介した後、「実務常識」として出題される
分野についても触れます。

Q1 → Q20

マクロとミクロから
経済の全体像をつかむ

1 基礎知識

　本書を読み始めた皆さんの多くは、「経済は難しい」「数字が多くてなじみにくい」といった印象を持っていると思います。ビジネス経験を積み、日本経済新聞を普段からご愛読いただいている皆さんの中にも、ご自分の仕事に関連しないニュースや経済全体の動きにいまひとつ実感がわかないという方が多いのではないでしょうか。

　日々接する経済ニュース、例えば日経新聞の記事を読むときに、まずは以下のように整理してみてください。

　経済の動きは、マクロ（国の経済全体）の動きと、ミクロ（個別の会社や個人）の動きの2つに大きく分かれます。「景気」や「日本経済」「世界経済」という前者の動きは、後者の一つひとつの企業や個人の経済活動の積み重ねです。一つひとつの企業を見れば、好不調はさまざまですが、すべて足すと一定の方向があります。それがいわゆる「景気」です。

　後者（ミクロ）についてはまず、世の中にさまざまな会社があることを知っておくことが大事です。日本の企業数は約400万社、いわゆる大企業は約1万社、上場企業の数は4000社近く（2023年1月時点東証上場3869社と地方単独上場企業）あります。BtoC（消費者向けビジネス）の企業名は耳にしたことがあっても、BtoB（法人向けビジネス）の企業名

では事業内容がよく分からない場合も多いと思います。日本の産業構造の変化から見るとBtoBビジネスの将来性が大きく、「隠れた優良企業」が多いといわれます。優良企業とは何かの定義も難しいのですが、前提となるのは利益を上げていることです。企業の利益が分かるのが「業績」です。一つひとつの企業の動きは経済全体につながっています。

経済になじむ最初の一歩として、「景気」と「企業業績」の知識を正しく押さえておくと、マクロのニュースもミクロのニュースも頭に入りやすくなります。新聞に掲載される日々の経済記事の大半は、この2つに関する基礎的な知識は既に持っているという前提で、省いて書かれています。「難しい」と感じるのはそのためだと思います。

本章の入門解説では、その「前提」となっている部分をやや丁寧に解説していきます。この1年で世界経済と日本経済を巡る環境は大きく変わりました。前年版を読まれた方も、新たな情報が加わっていますので、復習も兼ねてお読みいただくと役立つと思います。

経済全体の水準をつかむGDP、3カ月ごとに「速報」

景気が「良い」「悪い」という言葉は、漠然と使いがちです。ビジネスパーソンであれば、経済全体の動きの中で、自分に関連する業界・会社の景気はどうかを、具体的なデータ（数字）を伴って理解し説明したいところです。そのためのデータが、いわゆる「経済指標」「景気指標」です。

国の経済全体の動きを示す最も重要な指標が国内総生産（GDP）です。GDPの教科書的な説明は「国内で一定期間に生産されたモノやサービスの付加価値の合計」ですが、平たくいうと、農業など第1次産業から流通・サービスなど第3次産業まで、国内のすべての事業者が稼いだ「もうけ」（売上高から原材料など「中間生産物」を引いたもの）の合計です。これは企業業績でいえば、本章の入門解説後半で説明する粗利（売上総利益）にあたります。

この指標は、政府（日本では内閣府）が、四半期（3カ月）ごとに「年間でいくらになるか」の金額を推計して、「前の期（前の3カ月）に比べて何％増減したか」を発表します。これを四半期別GDP速報といいます。

この「何％増減したか」が、いわゆる「経済成長率」です。

実際の新聞記事で見てみます。21ページの日本経済新聞の記事は、2022年7〜9月期のGDPを報じたものです。GDPは日本では、四半期の終了後2カ月目の中旬に速報値、3カ月目の上旬に改定値が発表されます。

GDPには名目額と、物価変動の影響を除いた実質額がありますが、成長率は通常、実質額（実質GDP）の変化に注目します。

四半期ごとの実質GDPは図表1-1のように推移しており、コロナ危機直後の20年4〜6月期に前期比年率約29％減の500兆円そこそこに落ち込んだ後、しばらく540兆円前後で足踏みしていました。22年4〜6月期はプラス成長でしたが、22年7〜9月期は新型コロナ感染症の第7波と重なって個人消費が落ち込み、前期比0.3％減、およそ4倍した年率換算で1.2％減のマイナス成長になりました。

GDPは、支出と分配と生産は等しいという考え方（22ページ参照）に基づき、統計が早くまとまる支出側から推計されています。支出から見たGDPは、内需（国内需要）と外需（海外需要）に分かれます。右のページの記事内のグラフと表からはこの期、内需、特に個人消費の伸びが鈍る中で、一時的な要因はあるものの、輸入の伸びが輸出を上回り、外需がマイナスになったことがマイナス成長の要因と見てとれます。

個人消費が50％以上、輸出入は差し引きでカウント

支出面から見た日本のGDPの構成割合を示した図表1-3を見ると、日本経済全体の動きとGDPの関係がイメージできると思います。企業が生産したモノやサービスは、国内で販売されるか、海外に輸出されます。企業は家計に賃金を払い、家計はその賃金でモノやサービスを購入します。これがいわゆる「個人消費」です。

企業は、工場を建てたり設備を更新したり、といった形で「設備投資」をします。政府は、企業や家計から法人税、所得税、消費税などの納税を受ける一方、公務員への給与支払いと医療や介護などへの費用負担（政府消費）や、橋や道路を造ったり改修したりする公共投資を行います。

海外については、輸出もありますが、輸入もあり、輸出入を差し引いた

2022年11月15日付日本経済新聞夕刊1面（抜粋）

「支出」から推計するので内訳は
国内需要（民間需要と公的需要）と海外需要（輸出入）

物価変動を除いた「実質」が
年率で何%増減したかを示す

[図表1-1] 四半期ごとの実質GDPの推移

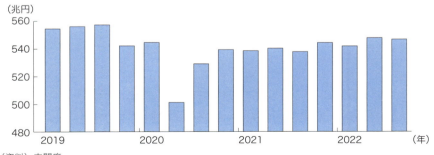

（資料）内閣府

⊕ GDPの3面等価、支出＝分配＝生産

「生産」で生まれた付加価値は、所得として「分配」され、その所得は「支出」として消費や投資などに回ります。「この3つが等しい」というのが、GDPの統計の基本になる考え方で、「3面等価」といいます。図表1-2は、2021年の名目GDPの構成を、支出、分配、生産の3つの面から見たものです。

「生産」から見ると、GDPに占める第3次産業の大きさが目立ちます。鉱工業の割合がやや小さい印象がありますが、これは、「グローバル企業」と呼ばれる海外での事業の割合が大きい企業が製造業に多いためです。各社の連結決算で出てくる売上高や利益に表れるほど、国内で生み出した付加価値であるGDPの増加につながりません。なお、グローバル企業が海外で稼いだ付加価値は、国民総所得（GNI）という指標に反映されます。

「分配」から見ると、設備の減価償却（資本減耗）や税金などを除くと、雇用者報酬（労働者が受け取る賃金と企業が負担する社会保険料などの合計）と、営業余剰（企業のもうけ）に主に分けられます。GDPに占める雇用者報酬の割合が「労働分配率」です。この部分が伸び悩んでいることが、個人消費が低迷し、日本経済が長らくデフレ（物価の継続的な下落）から脱却できなかった主因、と指摘されてきました。

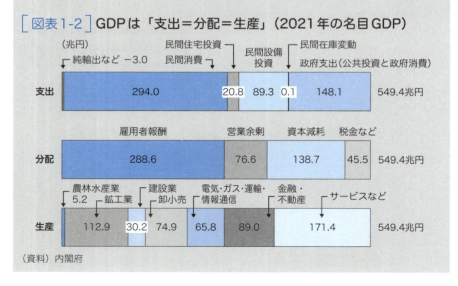

［図表1-2］ GDPは「支出＝分配＝生産」（2021年の名目GDP）

（資料）内閣府

[図表1-3] 国内総生産（GDP）の構成イメージ

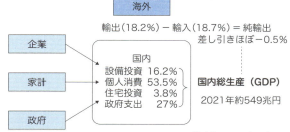

「純輸出」が、GDPに加わります。純輸出がGDPに占める割合は、数％か、輸入が輸出を上回れば、マイナスになることもあります。2021年の純輸出マイナスは原油など資源価格上昇が影響しています。

家計と企業の需要が伸びてGDP全体の伸びをけん引していれば「民需主導の成長」、純輸出の伸びがけん引していれば「外需主導の成長」などといいます。

個人消費は通常はそれほど大きく変動しません。とはいえGDPに占める構成比が大きいため、過去の消費税率引き上げ時などで落ち込んだ際は、成長率に影響しました。2020年の新型コロナ危機では、海外ではロックダウン（都市封鎖）、国内では緊急事態宣言で人の接触を伴う旅行、外食、娯楽などが大きく制限されたことで、特に大きく落ち込みました。

この一時的な需要減を埋めたのは、政府による支出です。日本だけでなく世界各国の政府が補正予算を組み、このGDPの落ち込みを補う支出をしました。この点については後ほど「財政金融政策」の項で触れます。

日本のGDP、総額で世界3位、1人当たり20位台

GDPは、各国とも国連が定めた国際基準に沿って作成している統計なので、世界の国・地域を比較することが可能です（図表1-4）。日本の名目GDPは2021年時点、総額では世界3位でしたが、1人当たりGDPで見ると、国際通貨基金（IMF）による国・地域の集計で27位という位置に

[図表1-4] 世界における日本経済の位置（ドル換算、2021年）

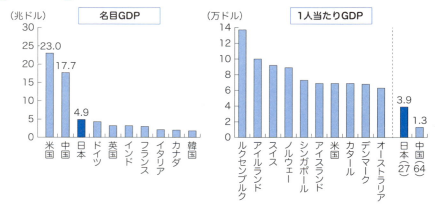

（資料）国際通貨基金（IMF）世界経済見通し（2022年10月）。市場為替レートによる米ドル建て換算値。1人当たりGDPの日本、中国のカッコ内は順位

あります。

1人当たりGDPはルクセンブルク、アイルランド、スイス、ノルウェー、シンガポールなど金融や資源などの収入があり、人口も少ない国が上位を占めます。例えばルクセンブルクはフランスとドイツにはさまれた人口約60万人の小国で、GDPの9割近くを金融サービスで稼ぎます。フランスなどから通勤する外国人による生産額が多いので、「国民1人当たり」のGDPが大きくなります。総額1位の米国も1人当たりでは7位です。主要7カ国（G7）ではカナダが16位、ドイツが18位、英国、フランスも20位台ですが、日本はG7で最下位のイタリアを1つ上回るだけです。

1人当たりGDPは国民の豊かさを示す指標といわれます。2000年時点のこのランキングの首位はやはりルクセンブルクでしたが、日本は2位で、当時3位だったスイスや5位だった米国を上回っていました。日本がほとんど成長していない間に各国に次々に抜かれた格好です。

ドル換算で比較しているため、日本のGDPは円安が進むと目減りし、順位は下がる面はあります。日本も、12年までの円高が進んでいた時期の1人当たりGDPは10位台でした。仮に22年に一時150円台まで進んだ円安水準で計算すると、日本の順位はさらに下がることになります。

[図表1-5] 日本の名目GDPの推移

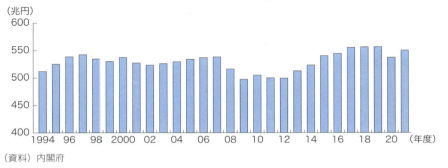

(資料) 内閣府

長引くデフレで低迷、中国に抜かれ10年で3分の1に

　1990年代初めのバブル経済崩壊以降を「失われた30年」と呼ぶことがあります。図表1-5を見ると実感しやすいと思います。物価変動の影響を取り除く前の名目額で見ると、コロナ危機前の2019年度でも日本の名目GDPは約560兆円と、500兆円台半ばにとどまったままでした。バブル崩壊後の1994年度は約510兆円だったので、ここ30年あまりで50兆円ほどしか増えていないことになります。

　図表1-6は、1990年からの日本と中国のドル換算でのGDPの推移です。1990年代に日本の1～2割台だった中国のGDPは、日本が足踏みしてい

[図表1-6] 日本と中国の名目GDPの推移（ドル換算）

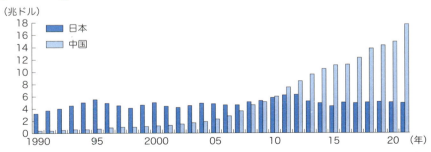

(資料) 国際通貨基金 (IMF) 世界経済見通し (2022年10月)。市場為替レートによる米ドル建て換算値。

る間に急速に成長し、2010年には日本を抜き、21年には日本の3倍超になりました。なお、ドル換算での比較なので、大幅に円安が進んだ13〜15年に日本のGDPが目減りしている点は図表1-5の動きと異なります。

失業率・求人倍率は記録的改善も、コロナ危機下で「隠れ失業」

経済・景気の現状を示す重要な指標として、「雇用」と「物価」があります。まず、それぞれの指標の推移を見ます。

雇用に関する指標は、総務省が発表する完全失業率と、厚生労働省が発表する有効求人倍率があります（図表1-7）。完全失業率の計算の仕方は「完全失業者数÷労働力人口」で、分子の完全失業者は「働く意志があり、職探しをしている人」です。有効求人倍率は、全国のハローワーク（公共職業安定所）で仕事を探す人1人に何件の求人があるかを示します。

景気との関係では、景気が上向くと、まず新規の求人が増え、次に有効求人倍率が上昇します。完全失業率はやや遅れて動くのが普通です。企業は雇用を徐々に調整するからです。

完全失業率は2018〜19年は2.4％と、低い水準を維持していました。求人があっても職種や年齢、勤務地などの条件で折り合わないために起きる「ミスマッチ失業率」が3％程度あるとされるので、3％を下回るのは、

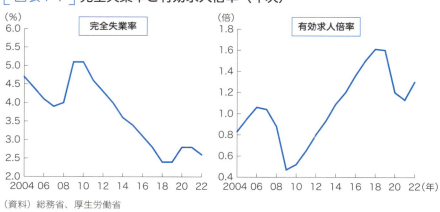

[図表1-7] 完全失業率と有効求人倍率（年次）

（資料）総務省、厚生労働省

ほぼ完全雇用（働く意思・能力がある人が全員働いている状態）といわれる状態です。

しかし、20年のコロナ危機で有効求人倍率は大きく低下し、完全失業率は同年後半、一時3％台に上昇しました。それでも一時15％近くに達した米国に比べかなり低い水準に見えますが、日本の場合、先ほどの「完全失業者数÷労働力人口」の分子に入らない、政府の雇用調整助成金の後押しによる休業者が一時約600万人と就業者の約9％にもなりました。これを「隠れ失業者」とカウントすると一時10％を超えたという見方もあります。

NEWS 消費者物価指数は「低体温」、上がりにくいデフレ構造

消費者物価指数は、「経済の体温計」とも呼ばれます。全国の平均的な家計が消費している商品やサービスの価格を指数化した経済指標です。「CPI」とも呼ばれ、総務省が毎月、公表しています。

物価が総じて上がるのがインフレ、下がるのがデフレです。穏やかに物価が上昇する状態が経済にとって望ましいとされます。図表1-8は雇用関係の指標より長めに1980年代後半のバブル経済期からの推移を示していますが、2008年のリーマン危機前の一時期を除くと、消費税の導入や税

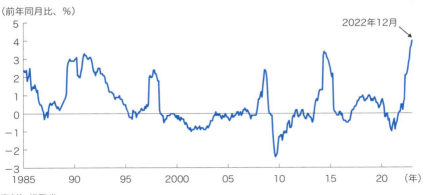

[図表1-8] 消費者物価指数（生鮮食品を除く総合、月次）

（資料）総務省

率引き上げ時以外は低迷しています。1998年以降は上昇率がマイナスの時期が続きました。「低体温経済」とも呼ばれる状態です。

20年後半以降、世界経済がコロナ危機から回復する中で、エネルギー価格の上昇や物流の停滞などから米国や欧州では消費者物価が大きく上昇。22年に入るとロシアのウクライナ侵攻の影響による資源価格の上昇もあり、米国では一時9％台、欧州では10％台になりました。

これに対して日本も「川上」にあたる企業物価指数は22年12月に10％台まで上昇したものの、消費者物価の上昇率は同月、41年ぶりの高水準ながら4.0％でした。これは、「川上」の企業物価上昇が「川下」の消費者物価上昇につながりにくい日本のデフレ構造が根強かったことを意味します。

消費者物価指数は金融政策と大きく関連する指標です。後ほど「金融政策」の項で改めて触れます。

📰 景気動向指数、「谷」から「山」が景気回復期間

GDPは景気の「水準」を示すものでしたが、変動の大きさやテンポ（量感）を示すのが景気動向指数（図表1-9）です。景気が拡大しているかどうかはその指数も踏まえて、内閣府が毎月発表する「月例経済報告」（景気に関する政府の公式見解をまとめた報告書）で、概ねの判断を示します。景気動向指数には短期的なアップダウンもあるので、どこが「山」「谷」だったか（谷から山までが拡大期間、山から谷までが後退期間）は、経済学者らの意見を踏まえて、内閣府が「認定」します。

景気動向指数は、景気の動向に先行して動く「先行指数」と、ほぼ同時に動く「一致指数」、遅れて動く「遅行指数」で構成されます。それぞれ基礎となる統計の動きを合成し、指数化しています。

景気は、方向として回復している「期間」だけではなく、その勢いや水準も重要です。図表1-10は、過去の景気回復期の平均成長率の比較です。1965年11月から57カ月続いた「いざなぎ景気」の平均成長率は11.5％もありました。「バブル景気」（86年12月〜91年2月）の際は5.4％です。第2次安倍晋三政権が発足した2012年12月から始まり、「アベノミクス

[図表1-9] 景気動向指数と景気回復期間

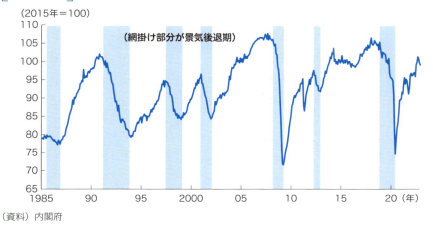

(資料) 内閣府

景気動向指数を構成する指標（30指標のうち主なもの）

先行系列	一致系列	遅行系列
新規求人数（除学卒）	生産指数（鉱工業）	第3次産業活動指数（対事業所）
実質機械受注（製造業）	輸出数量指数	家計消費支出
新設住宅着工床面積	商業販売額	法人税収入
東証株価指数	有効求人倍率（除学卒）	完全失業率

[図表1-10] 過去の景気回復期の平均成長率

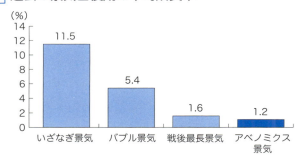

景気」とも呼ばれた景気拡大局面は、期間は18年10月まで71カ月と「戦後最長景気」の73カ月に迫りましたが、平均成長率は1.2％でした。

景気の先行きを読む「短観」、業況判断指数に注目

　経済指標をビジネスに役立てる、という意味では、「これからどうなる」という先行きの予測が重要です。実際の経済活動の結果を集計した経済指標とは別に、企業が景気の現状や先行きをどう見ているかが分かる重要な調査として「日銀短観」があります（図表1-11）。正式名称を全国企業短期経済観測調査といい、日銀が全国の企業（金融機関を除く大企業・中堅企業・中小企業約21万社の母集団から抽出した約1万社）の経営者から景況感などの経営状況を聞き取り、3カ月ごとに発表します。

　景況感を「良い」と答えた企業の割合（％）から「悪い」と答えた企業の割合（％）を引いて算出する業況判断指数（DI）が注目されます。内閣府の「景気ウオッチャー調査」も、タクシー運転手ら約2000人に景況感を聞いたDIを発表しています。経営者心理や消費者心理を聞いたこうした調査の結果は、「ハードデータ」と呼ばれる実際の経済活動の指標に対して、「ソフトデータ」と呼びます。

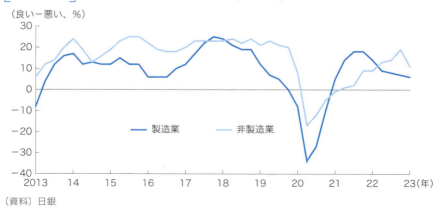

[図表1-11] 日銀短観・業況判断指数（大企業）

（資料）日銀

前のページまでが景気指標の解説で、ここからは景気動向に関連してよく取り上げられる、「財政政策」「金融政策」についてです。両者を合わせて「マクロ経済政策」とも呼びます。まず財政政策からです。

国の財政、収入の3分の1は借金

国や地方自治体は、橋や道路などインフラを整備するほか、社会保障をはじめさまざまな公共サービスを提供しています。それに伴う収支が財政です。ここでは国の財政について見ます。政府の予算（一般会計）の規模は2023年度の当初予算案で114.4兆円でした。図表1-12は歳出（支出）と歳入（収入）の内訳です。

歳出で最も多く、約32.3％を占めるのが社会保障関係費で、その内訳は年金、医療、介護、子ども・子育てなど。地方交付税交付金等は全国どこでも一定の公共サービス水準が維持されるように国が調整して地方自治体に配る経費です。国債費は、国債の償還（元本返済）と利払いに充てます。歳入のうち税収などでまかなえているのは約7割で、残りは国債による借金（公債金）です。

図表1-13は1990年度以降の歳出と税収の推移です。90年度は歳出も税収もともに60兆円台でした。89年から消費税（税率3％）が導入されましたが、当時の税収の多くは所得税と法人税だったので、バブル崩壊

[図表1-12] 2023年度一般会計当初予算案（114.4兆円）の内訳

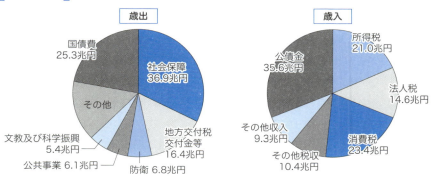

（資料）財務省

[図表1-13] 一般会計歳出・税収・国債発行額の推移

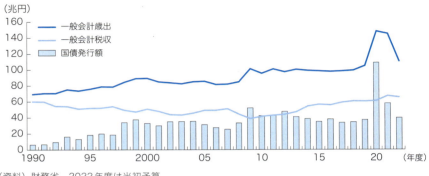

（資料）財務省。2022年度は当初予算

後、税収の伸び悩みが続き、歳出との差が年々開きました。税収面ではその後、消費税率が97年度、2014年度、19年度と引き上げられています。歳出の規模は景気対策や災害対策のため、リーマン危機の翌年の09年度、東日本大震災の11年度も100兆円を超えていました。その中で税収と歳出の差が「ワニの口」のように広がってきたのが、日本の財政の特徴です。20年度はコロナ危機対策で大幅な補正予算を組んだことで、「ワニの口の上あごが外れた」といわれる形になりました。

社会保障費の急増で「ワニの口」広がる

　歳出が増えた最大の理由は、社会保障関係費の増加です。図表1-14は1990年度と2022年度当初予算の歳出の総額と内訳です。歳出全体が約40兆円増える中、公共事業や教育などは1兆円の増加にとどまる一方、社会保障関係費は25兆円も増えました。90年度の税収は約60兆円だったのに対し、22年度は約65兆円（当初予算）にとどまります。年々積みあがってきた国と地方の長期債務は22年度末時点、国が約1055兆円、地方が約189兆円で合計1200兆円を突破しており、GDPの2倍を上回ります。コロナ危機対策で各国とも債務残高のGDP比は急上昇しましたが、日本は主要国の中で最も高い水準です。

　日本の社会保障関係費が急増したのは高齢化率（総人口に占める65歳

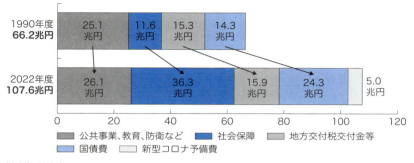

以上の人口の割合）が急速に上昇し主要国の中で最も高くなったためです。22年度からはいわゆる「団塊の世代」が後期高齢者（75歳以上）になり始めたため、医療・介護費用の急増が見込まれます。その費用を19年10月に税率が10％に引き上げられた消費税の増収でまかなう一方、高齢者医療費の見直しなどが進んでいます。

「ワニの口」に戻ると、毎年度の収支でフローの赤字がこれ以上積みあがるのを防ぐ、「基礎的財政収支（プライマリーバランス＝PB）の黒字化」が、たびたび議論されてきました。歳出のうち国債費を除いた「政策的経費」を、税収などでまかなえるようにする考え方です。

⊕ 防衛費、GDPの2％へ

2023年度予算案で大幅に増えたのが防衛費です。ロシアのウクライナ侵攻など新しい国際情勢に対応し、北大西洋条約機構（NATO）加盟国が基準とする国内総生産（GDP）比2％に増額する第一歩で、前年度はGDPの約1％、5.4兆円だった防衛関係費を6.8兆円にしました。日本はこれまで、防衛省が所管する予算を防衛費と定義してきましたが、NATO基準に従い他省庁所管の予算も組み込み、27年度には約11兆円に増額する計画です。約4兆円の財源が必要になるため、岸田文雄首相は22年12月、歳出削減や剰余金・税外収入などで3兆円確保し、不足する1兆円強を増税でまかなう方針を表明しましたが、結論は持ち越しています。

金融政策の基本、「緩和」と「引き締め」

　次に、金融政策です。金融の基本的な役割は、お金の余っている人から、お金が不足している人に、お金を融通することです。直接金融と間接金融があります。直接金融ではお金を必要とする企業が株式や債券を発行し、個人などからお金を直接、調達します。間接金融では銀行が間に入り、個人や企業から預かったお金を必要な企業などに貸し出します。金利はお金の貸し借りの値段で、需要と供給の関係にあり、お金が必要な人が多ければ上昇します。金利は期間1年未満を短期金利、期間1年以上を長期金利と呼び、一般に期間が長くなるほど金利が高くなります。

　「銀行の銀行」の役割を果たす中央銀行（日本では日本銀行＝日銀）は、金利や出回るお金の量をコントロールする機能を果たしています。景気が拡大しすぎて急激なインフレ（物価上昇）の懸念がある場合は金利を上げて過熱を抑え（金融引き締め）、景気が落ち込み需要が冷え込む場合は金利を下げて景気を刺激（金融緩和）するのが基本的な理屈です。

　その指標となるのが政策金利です。米国の政策金利はFF（フェデラルファンド）金利と呼び、民間銀行が資金をやり取りする際に使う短期金利です。日本は金融機関が日銀にお金を預ける「日銀当座預金」の金利の一部を政策金利にしています。欧州では欧州中央銀行（ECB）がユーロを法定通貨とする国を対象に定めています。

　図表1-15は日米欧の中央銀行の政策金利の推移です。米国の中央銀行（連邦準備理事会＝FRB）は金利を上げたり下げたりしていますが、日本

金融政策の基本的な仕組み（伝統的金融政策）

・金融政策の目標＝物価の安定
・物価安定の指標＝消費者物価の上昇率（インフレ率）

	金融引き締め	金融緩和
政策の目的	物価上昇を抑制	景気を刺激
政策金利	引き上げ	引き下げ
公開市場操作	売りオペ	買いオペ
資金供給量	減少	増加

[図表1-15] 日米欧の中央銀行の政策金利

（資料）各国中央銀行。米国（FRB）はフェデラルファンド金利の上限

はほぼ0％のままです。2001年からは金利を下げるだけでなく、国債を積極的に購入して市場に出回るお金の量を増やす「量的金融緩和（QE）」政策を取り始めました。その反対が量的引き締め（QT）です。

それでもデフレ脱却ができない中で12年12月に発足した第2次安倍晋三政権の経済政策（アベノミクス）の柱の1つとして始まったのが、資金供給量を「2年で2倍」に増やし、上場投資信託（ETF）を通じて株式などリスクのある資産の購入も拡大する異次元金融緩和政策です。13年3月に就任した黒田東彦・日銀総裁が推進しました。

日銀は消費者物価上昇率が安定して前年比2％になるまでこの政策を続けるとし、16年1月からは異次元金融緩和をさらに強める、「マイナス金利政策」を始めました。政策金利をマイナス0.1％として、民間銀行が日銀の当座預金にお金を預けておくと損をするようにし、出回るお金の量を増やす政策です。さらに、期間が長くなるほど高くなる長期金利も、基準となる10年物国債利回りで0％程度に誘導する「長短金利操作付き量的・質的金融緩和」を同年9月から導入しました。イールドカーブ（利回り曲線）・コントロール（YCC）とも呼びます。

📰 FRBもECBも利上げ、日銀新体制下の政策に注目

　以上のような超金融緩和政策は2020年からのコロナ危機に対応して米連邦準備理事会（FRB）や欧州中央銀行（ECB）もとっていましたが、インフレが加速する中で22年3月、FRBが政策金利引き上げを開始。ECBも追随しました。しかし、消費者物価の項で解説したように、日本の物価上昇率は米欧の半分にとどまっており、いま金利を上げるとデフレ体質からまだ脱却していない日本経済に大きな打撃を与えかねないので、23年1月時点では日銀は金融緩和政策を継続しています。

　23年春には18年から2期目に入っていた黒田総裁が退任し、新体制が誕生します。22年12月には長期金利の変動幅を従来のプラスマイナス0.25％程度から同0.5％程度に拡大する政策修正を行いました。23年の日本経済の大きな注目点であるこの金融政策に関しては第6章「ステップアップ解説」で改めて取り上げます。

⊕ 金融政策決定の仕組み

　金融政策は各国とも政府から独立した中央銀行が定期的に会議を開いて決めています。日銀の場合、総裁、副総裁（2人）、審議委員（6人）の9人が最高意思決定機関である政策委員会を構成します。それぞれ衆参両院の同意を得て内閣が任命、任期は5年。政策委員会は年8回、金融政策決定会合を開きます。

日米欧の中央銀行の政策決定会合

	日本（日銀）	米国（FRB）	欧州（ECB）
名称	日銀政策委員会・金融政策決定会合	連邦公開市場委員会（FOMC）	ECB政策理事会
頻度	年8回	年8回	6週間ごと
構成	総裁 副総裁（2人） 審議委員（6人）	議長 副議長（1人） 理事（5人） 地区連邦銀行総裁（5人、輪番、NY連銀は常に含む）	総裁 副総裁（1人） 理事（4人） 各国中央銀行総裁（15人、19カ国中銀の輪番）
政府の関与	・出席権 ・議案提出権と議決延期を求める権利	・政府はFOMCに出席することを認められていない	・出席権 ・議案提出権（閣僚理事会議長）

円高・円安、立場によってメリット・デメリット

　経済の大きな仕組みと景気、財政・金融政策の役割を見たところで、為替と株式について解説します。まず、日本の景気を左右する大きな要因でもある、「円高」「円安」からです。

　ある時点で1ドル＝110円だった円・ドルのレートが、105円になるとドルに対して円の値打ちが上がるので「円が上昇し5円の円高」。115円になると、円の値打ちが下がるので、「円が下落し5円の円安」といいます。円高がよいか円安がよいかは、立場によって変わります。

　海外にモノを輸出する製造業にとっては、円レートが上昇すると、円建て価格を変えなければ、米国に輸出する製品のドル建ての価格は上昇し、売れ行きが悪くなります。ドル建ての価格を据え置けば、円建ての収入は減ります。一方、製品やサービスを輸出せず、原料や燃料を輸入する産業にはメリットがあります。例えば運輸業界です。消費者から見ても、輸入食品などの価格の低下につながり、海外旅行に行く人も増えます。

　円安は日本企業の輸出競争力を高めるため、日本経済にとって望ましいとされてきましたが、製造業の多くが海外に生産拠点を移す中でメリットが薄らぎ、デメリットも目立ってきました。

　円が安くなるとは円の価値が下がることで、1ドル＝100円が120円になれば、これまで100円で買えていたモノが120円払わないと買えなくなります。輸入物価に対する輸出物価の比率を「交易条件」といい、円安による交易条件の悪化は海外への所得の流出を招きます。原油など資源価格の高騰が重なると「交易損失」が大きくなります。円安が進むと、円の値打ち（購買力）を表す「実質実効為替レート」が低下します。

為替レートを動かす投資マネー、基本は日米金利差

　為替はなぜ変動するのでしょうか。為替の取引には「実需」と呼ばれる実際の需要・供給によるものがあります。円安になって日本からの輸出が増えると、輸出メーカーはドルを多く受け取るため、ドルを円に替える（ドルを売って円を買う）需要が増えます。そうすると円が高くなり、ド

[図表1-16] 円相場と日経平均株価の動き

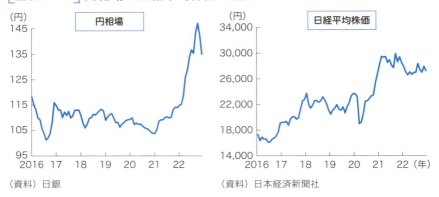

(資料) 日銀　　　　　　　　　　　　　　　(資料) 日本経済新聞社

ルが安くなるという理屈です。

　ただし、日々の為替取引を見ると、実需による取引は10分の1程度といわれます。大半は「投機」と呼ばれる、投資マネーが利ざやを求めて売買する動きであり、これにより為替レートが変動しています。外国為替証拠金取引（FX）を手掛ける個人投資家（通称ミセス・ワタナベ）の円ドル売買も拡大しており、市場を動かします。

　変動にはさまざまな要因がありますが、比較的分かりやすい要因としては、日本と米国の金利差が挙げられます。図表1-15で見たように米国は2022年3月から政策金利の引き上げを始めたのに対し、日本の金利はほぼゼロが続いたので、22年初に1ドル＝115円程度の水準だった円相場

> ⊕ **為替介入**
>
> 　為替介入とは通貨当局（政府と中央銀行）が自国通貨の下落や急上昇を抑えるために実施するものです。日本では財務大臣が決定、指示して日銀がドルを売り買いします。日本の通貨当局は2022年9月、過度な円安を抑えるために円買い・ドル売りの介入を実施しました。介入を実施すること自体が11年以来11年ぶりで、円買い介入は1998年6月以来、24年ぶりとなりました。介入の原資となるのは日本が保有する約180兆円の外貨準備高で、22年9月に2.8兆円、その後10月にも6.3兆円規模で、ドルを売って円を買いました。

は10月に一時、1ドル＝150円台まで円安が進みました。しかし、11月に入って米国の利上げテンポが鈍るという観測からやや円高に転じ、23年1月は130円前後で推移しました。

円相場については23年の米国経済、日本経済の動向によりいくつかのシナリオが考えられます。この点も、第6章「ステップアップ解説」で補足します。

株価は経済の動きを先取り、全体の動きを示す日経平均

株価は一般に、株式を上場している企業の業績が上向くと予想されれば上がり、下向くと予想されれば下がるのが基本です。株価全体の動きを示すのが「株価指数」です。

「日経平均株価」は日本経済新聞社が東証プライム市場に上場する企業の中から、業種のバランスや市場での取引のされやすさを考慮して選んだ225社の株価を指数にしたものです。米国を代表する株価指数「ダウ工業株30種平均」は、米国を代表する30社の株価の平均です。

また、株価指数には、上場している企業の時価総額（株価×株数）を平均して市場全体の動きを表す方式もあります。米アップルやマイクロソフトが上場する「ナスダック総合株価指数」や、中国を代表する株価指数「上海総合指数」はこのタイプです。「東証株価指数（TOPIX）」も、時価総額の平均の動きを表します。

円相場との連動薄まる、製造業の海外生産が影響

株価も為替同様、日々のニュースで大きく動きます。日本の株価を動かす代表的な要因といわれてきたのは為替レートです。円高・円安の業種によるメリット・デメリットは先ほどの項で解説した通りで、円高なら製造業など輸出型企業の株価は下がり、小売り・サービスなど内需型企業の株価は上昇。円安なら反対に輸出型企業の株価は上昇、内需型企業の株価は下がりがちです。株式市場全体から見ると前者の規模が後者を上回るため、円高なら株価は下落、円安なら上昇といわれてきました。

ただ、2018年以降の株価全体の動きは、円相場との連動が薄れてきた

と指摘されます。円高・円安の項でも説明しましたが、日本の製造業の海外生産が進み、為替変動の影響を受けにくくなったことが1つの理由です。円相場が大きく円安に動いた22年は製造業にとってもデメリットが意識され、日本の株価は伸び悩みました。

　もう1つの要因は金利です。金利が下がるとお金が借りやすくなるので事業が拡大でき、株価は上昇します。金利が上がればお金が借りにくくなるので事業は縮小し、株価は下落します。22年の米国の株価は、ダウ工業株30種平均で年間で約9%安、多くの機関投資家がベンチマーク（運用の指標）とするS&P500種株価指数で同19%安になりました。急ピッチに進んだ金融引き締めで、特にIT企業の株価が急落したためです。

⊕ 上場企業と取引所

　日本の上場企業の大半が上場する東京証券取引所は2022年4月、従来の東証1部、同2部、ジャスダック、マザーズの4市場から、「プライム」「スタンダード」「グロース」の3市場に再編されました。

　東証上場企業は2021年末時点、約3800社でしたが、このうち1部上場企業が6割近くを占めていました。海外の株式市場に比べて突出して上位市場の企業数が多く、海外の機関投資家らの資金を呼び込みにくくなっていることから、プライム市場は流通株式時価総額100億円、流通株式比率35%以上など上場基準を厳しくしたほか、21年に改定した新しい企業統治指針（コーポレートガバナンス・コード）を適用し、社外取締役を取締役の3分の1以上とすることなどを求めました。ただしスタート時点では、基準に届かなくてもプライムに残ることができる特例措置を認めたため、旧東証1部の約8割強がプライムに移行し、なお全上場企業の5割近くがプライム上場企業になっています。

　上場企業としては東証のほか、名古屋、札幌、福岡の証券取引所に上場している企業があります。また、大阪取引所は「日経平均先物」などデリバティブ（金融派生商品）に特化した市場です。東証、大証は持ち株会社である日本取引所グループの傘下にあります。日本取引所グループ自身も東証プライム上場企業です。

東証の主な市場

旧区分	新区分
東証1部	**プライム** グローバル企業向け
東証2部	**スタンダード** 中堅企業向け
ジャスダック	**グロース** 新興企業向け
マザーズ	

入門解説の前半ではマクロ（経済全体の動き）の見方を解説しました。後半ではミクロ（個別の企業）の見方の基本を解説します。

企業を見る基本は決算情報、要点は「決算短信」で

　マクロ経済では「GDP」が経済全体の成績表にあたるものでした。会社でそれに相当するのが、個別企業の業績を示す「決算書」です。株式を上場している企業は、決算年度の中で四半期（3カ月）ごとに業績を発表し、期末に1年間の業績を発表します。日本の上場企業の多くの決算年度は4月から翌年3月までで、2021年度の業績が2022年3月期決算です。上場企業の決算を要約したのが、「決算短信」です。

トヨタ自動車の決算短信

1．2022年3月期の連結業績（2021年4月1日～2022年3月31日）

（1）連結経営成績

（%表示は、対前期増減率）

	営業収益		営業利益		税引前利益		当期利益		親会社の所有者に帰属する当期利益		当期包括利益合計額	
	百万円	%	百万円	%	百万円	%	百万円	%	百万円	%	百万円	%
2022年3月期	31,379,507	15.3	2,995,697	36.3	3,990,532	36.1	2,874,614	25.9	2,850,110	26.9	4,017,742	21.9
2021年3月期	27,214,594	△8.9	2,197,748	△8.4	2,932,354	5.0	2,282,378	8.1	2,245,261	10.3	3,294,854	105.6

	基本的1株当たり親会社の所有者に帰属する当期利益	希薄化後1株当たり親会社の所有者に帰属する当期利益	親会社所有者帰属持分当期利益率	資産合計税引前利益率	営業収益営業利益率
	円 銭	円 銭	%	%	%
2022年3月期	205.23	205.23	11.5	6.1	9.5
2021年3月期	160.65	158.93	10.2	5.0	8.1

（参考）持分法による投資損益 2022年3月期　560,346百万円　2021年3月期　351,029百万円

（注）2021年9月30日を基準日および2021年10月1日を効力発生日として、普通株式1株につき5株の割合で株式分割を行っています。
　　　基本的1株当たり親会社の所有者に帰属する当期利益および希薄化後1株当たり親会社の所有者に帰属する当期利益につきましては、
　　　前連結会計年度の期首に当該株式分割が行われたと仮定して算定しています。

（2）連結財政状態

	資産合計	資本合計	親会社の所有者に帰属する持分	親会社所有者帰属持分比率	1株当たり親会社所有者帰属持分
	百万円	百万円	百万円	%	円 銭
2022年3月期	67,688,771	27,154,820	26,245,969	38.8	1,904.88
2021年3月期	62,267,140	24,288,329	23,404,547	37.6	1,674.18

（注）2021年9月30日を基準日および2021年10月1日を効力発生日として、普通株式1株につき5株の割合で株式分割を行っています。
　　　1株当たり親会社所有者帰属持分につきましては、前連結会計年度の期首に当該株式分割が行われたと仮定して算定しています。

（3）連結キャッシュ・フローの状況

	営業活動によるキャッシュ・フロー	投資活動によるキャッシュ・フロー	財務活動によるキャッシュ・フロー	現金及び現金同等物期末残高
	百万円	百万円	百万円	百万円
2022年3月期	3,722,615	△577,496	△2,466,516	6,113,655
2021年3月期	2,727,162	△4,684,175	2,739,174	5,100,857

　日本最大の会社であるトヨタ自動車の実際の決算短信を例にとってみます。冒頭にある（1）～（3）にそれぞれ「連結」とあるのは、子会社や

関連会社を含むグループ全体の決算であることを示します。トヨタ自動車の場合、米国など海外を含む製造、販売、金融の子会社のほか、100％子会社であるダイハツ工業などです。(3) の「連結キャッシュ・フローの状況」は「キャッシュフロー計算書」の概略を示したものです。

📰 本業のもうけは営業利益、株主は純利益を注視

損益計算書（略称PL＝Profit and Loss Statement）は、その会計期間の企業の収益や費用を示します。企業がその期間（1年間）にどれだけもうけたかの収益性が分かります。まず注目するのが「売上高」です。売上高はその企業がその期に売った製品・サービスの収入の合計で、企業の規模を示します。

売上高から仕入れなどにかかった原価（原材料費など）を差し引いたのが「売上総利益」で、粗利とも呼びます。その事業のおおまかな採算性が分かります。ここから販売費・一般管理費（販管費）と呼ぶ製造現場以外の人件費やオフィスの賃貸料、広告宣伝費などを引いたのが「営業利益」です。これは「本業でのもうけ」を示し、企業の「稼ぐ力」を測る指標です。企業が銀行から融資を受けていればその利払いもあり、投資に対する配当収入などもあります。こうした営業外損益を加味したのが「経常利益」で、経営者の経営努力が表れます。下のイメージ図は差し引いていく形にしていますが、経常利益が営業利益を上回ることもあります。

自然災害による損失や保有資産の売却などの特別損益を加減したのが

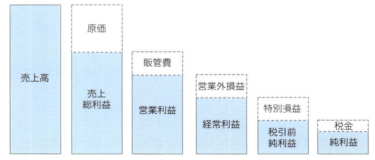

（日本の会計基準の企業の場合）

「税引前純利益」、税金を支払った後の利益が「純利益（税引き利益、最終利益）」です。株主が注目する項目です。この純利益を積み立てた利益剰余金から株主に配当が支払われます。

　トヨタ自動車の2022年3月期決算は新型コロナウイルス感染拡大の影響を受けた前の期から生産を挽回。売上高に相当する営業収益が21年3月期比15％増の31兆3795億円、営業利益は同36％増の2兆9956億円、純利益は同27％増の2兆8501億円となりました。営業利益は国内企業で過去最高、純利益も製造業として過去最高を更新しました。

　なお、トヨタ自動車は21年3月期から、国際会計基準（IFRS）に移行しました。営業利益の次にある「税引前利益」が、ほぼ経常利益に相当する項目です。

⊕ 日本と海外で異なる「会計基準」、グローバル企業はIFRSへ

　日本の企業が採用している会計基準は現在、日本基準、IFRS、米国基準の3つです。IFRSは欧州やアジアで採用が進んでいます。国内でも米国基準を採用していたトヨタ自動車が2021年3月期からIFRSへと移行するなど、日本のグローバル企業の会計基準はIFRSにほぼ一本化されつつあります。

　日本基準とIFRSの大きな違いは、日本基準が損益計算書を重視するのに対し、IFRSは貸借対照表を重視することです。日本基準は株主を重視し経営者の成績を損益計算書で開示する考え方です。これに対してIFRSは株主に限らずすべての資金提供者に貸借対照表で正しい財務実態を開示する考え方をとります。最終利益もIFRSでは、純資産の変動を示す「包括利益」で表示します。日本基準にある「経常利益」の概念はありません。資産の価値も取得原価でなく時価で評価します。

　22年12月現在、IFRSを採用している企業は259社（決定含む）。米国基準を採用しているのはキヤノン、富士フイルムホールディングス、コマツなどです。

📰 財政状態はBS、お金の流れはキャッシュフロー計算書

　貸借対照表（略称BS＝Balance Sheet）は資産、負債、純資産の一覧表です。企業の財政状態を示します。貸借対照表は「資産の部」と「負債の部」「純資産の部」に分かれます。資産＝負債＋純資産となります。

　キャッシュフロー計算書は企業活動に伴う現金（キャッシュ）の出入り

を示します。本業の営業活動による資金の流れを示す営業キャッシュフロー（略称CF＝Cash Flow）、設備投資や資産運用による投資CF、借り入れや返済、株主への還元状況を示す財務CFの3つがあります。お金が入ってくればプラス、出ていけばマイナスです。営業CFは商品が売れて入るお金が、仕入れにより出ていくお金を上回ればプラス、投資CFは事業拡大のためにお金を使えばマイナス。財務CF はお金を借りればプラス、返済すればマイナスになります。例えば投資CFのマイナス分が営業CFのプラス分を上回り、財務CFがプラスならば、外部資金を使って積極的に投資している企業、などと見ることができます。

　営業CFと投資CFの合計をフリーキャッシュフロー（FCF）と呼び、事業活動を通じて手元に残ったお金で、さらなる事業拡大への投資や、配当や自社株買いによる株主還元、借入金の返済などに使えます。自由（フリー）に使えるお金ですが、投資家はその使途に注目します。

営業キャッシュフロー	事業が好調→増加要因 事業が不振→減少要因
投資キャッシュフロー	設備や事業を売却→増加要因 設備投資や企業買収→減少要因
財務キャッシュフロー	借入金などで資金調達→増加要因 借入金の返済や配当→減少要因

フリーキャッシュフロー（配当、投資、借入金返済などの原資に）

　以上をまとめて財務3表と呼びます。まずは損益計算書の利益の種類から理解しておくと、企業決算の記事が分かりやすくなります。また、企業は決算発表の際、通期や次の期の見通し（業績予想）も発表します。

業種・会社により変わる利益率にも注目

　日本経済新聞社がまとめた上場企業の売上高と営業利益の上位30社を図表1-17に示しました。業種により、例えば総合商社など卸機能を担う会社の売上高は製造業などに比べて大きいことなどが読み取れます。売上高ではトヨタ自動車、ホンダと、自動車メーカーが上位に目立ちます。日本一の大企業であるトヨタの売上高がほぼ30兆円で、ホンダはその約半

[図表1-17] 上場企業の売上高・営業利益上位30社

売上高

順位	企業名	（百万円）
1	トヨタ自動車	31,379,507
2	三菱商事	17,264,828
3	ホンダ	14,552,696
4	伊藤忠商事	12,293,348
5	NTT	12,156,447
6	三井物産	11,757,559
7	日本郵政	11,264,774
8	ENEOSホールディングス	10,921,759
9	日立製作所	10,264,602
10	ソニーグループ	9,921,513
11	セブン＆アイ・ホールディングス	8,749,752
12	イオン	8,715,957
13	丸紅	8,508,591
14	日産自動車	8,424,585
15	豊田通商	8,028,000
16	パナソニックホールディングス	7,388,791
17	日本製鉄	6,808,890
18	出光興産	6,686,761
19	ソフトバンクグループ	6,221,534
20	ソフトバンク	5,690,606
21	デンソー	5,515,512
22	住友商事	5,495,015
23	KDDI	5,446,708
24	東京電力ホールディングス	5,309,924
25	三菱電機	4,476,758
26	大和ハウス工業	4,439,536
27	JFEホールディングス	4,365,145
28	三菱ケミカルグループ	3,976,948
29	アイシン	3,917,434
30	三菱重工業	3,860,283

営業利益

順位	企業名	（百万円）
1	トヨタ自動車	2,995,697
2	NTT	1,768,593
3	ソニーグループ	1,202,339
4	KDDI	1,060,592
5	ソフトバンク	985,746
6	ホンダ	871,232
7	日本製鉄	840,901
8	ENEOSホールディングス	785,905
9	日立製作所	738,236
10	信越化学工業	676,322
11	東京エレクトロン	599,271
12	任天堂	592,760
13	INPEX	590,657
14	伊藤忠商事	582,522
15	日本たばこ産業	499,021
16	武田薬品工業	460,844
17	出光興産	434,453
18	村田製作所	424,060
19	中外製薬	421,897
20	キーエンス	418,045
21	JFEホールディングス	400,192
22	セブン＆アイ・ホールディングス	387,653
23	大和ハウス工業	383,256
24	リクルート	378,929
25	ブリヂストン	376,799
26	パナソニックホールディングス	357,526
27	デンソー	341,179
28	コマツ	317,015
29	ダイキン工業	316,350
30	三菱ケミカルグループ	303,194

（注）2022年末時点の各社の直近の決算
（資料）日本経済新聞社

分、電機業界では日立製作所とソニーグループが10兆円前後、小売業界ではセブン＆アイ・ホールディングスとイオンが8兆円台など、業界トップ企業の数字を目安として頭に入れておくと役に立ちます。

　営業利益では過去最高で3兆円に近づいたトヨタ、前年同様2位のNTTに続き、ソニーグループが1.2兆円で3位に入りました。製造業で1兆円を超えるのはトヨタに続き2社目です。続いてKDDI、ソフトバンクと通信会社が引き続き上位に目立ちます。携帯電話料金が見直された背景に、この高収益があります。

　営業利益10位の信越化学工業、11位の東京エレクトロンは半導体関連で、半導体材料のシリコンウエハーの収益が安定する信越化学は前年の12位から、半導体製造装置で国内首位の東京エレクトロンは同15位からそれぞれ順位を上げました。任天堂は主力ゲーム機「ニンテンドースイッチ」の生産が半導体不足で苦戦したため、前年の7位から12位にやや後退しました。

　世界の医療用医薬品業界のトップ10入りした武田薬品工業や、中外製薬など医薬品も目立ちます。20位以降には利益率の高い企業として知られる工場自動化支援のキーエンス、住宅業界の大和ハウス工業、空調世界最大手のダイキン工業などが顔をそろえます。米国での求人検索サイトなど海外事業を伸ばし、国内でも飲食や旅行関連の事業が回復したリクルートも24位に入りました。

　このように見ていくと業界や一つひとつの企業の特徴が分かり、企業決算のニュースにも興味がわくと思います。

⊕ 円安、企業収益全体にはプラス

　2022年は急速な円安が進みましたが、企業収益全体にはプラスに働きました。東証プライム市場に上場する3月期決算企業の上期（4〜9月期）決算を日本経済新聞社が集計したところ、純利益の合計は前年同期比5％増と2年連続で最高益を記録しました。23年3月期の業績見通しについては電機や化学、機械など外需型企業を中心に上方修正する企業が相次ぎました。22年4〜9月期の期中平均レートは1ドル＝約134円と、前年同期より約24円の円安でした。

「取締役」は株主に代わって経営を監視

コーポレートガバナンス（企業統治）という用語が、ニュースによく登場します。企業（株式会社）が資本を効率的に使って収益を上げているか、法令を順守した経営をしているかなどを監視する仕組みのことです。

株式会社を直接所有するのは「株主」であり、株主には経営を監視する権利があります。株式会社は決算期ごとに「株主総会」を開きます。3月期決算の会社が多いので、6月ごろに株主総会が集中します。ここでは損益計算書の説明の際に出てきた利益剰余金からいくらを配当に回すかを決める「利益処分案」など企業の決算書類を承認するほか、株主に代わって経営を監視する役目を負う「取締役」を選任します。

日本の大企業では最近まで、この取締役の大半が社内出身者でした。「メインバンク」と呼ばれる主取引銀行が大口の株主となり、役員を派遣することも多く、経営を監視する役割を担っていました。

しかし、バブル経済崩壊後の1990年代半ばころから、銀行が株式を手放す一方、外国人株主が増え、欧米型のコーポレートガバナンスを求める動きが強まりました。高い運用利回りを求める機関投資家のほか、一定の株式を保有し経営陣に事業戦略や資本政策を提案する物言う株主（アクティビスト）の行動も目立ちます。

⊕ 監査役会設置会社・指名委員会等設置会社・監査等委員会設置会社

株式を公開する会社は「取締役会」と「監査役会」を置きます。株主総会では取締役と監査役を選任します。取締役会は代表取締役を選任し、代表取締役は株主総会と取締役会の決議に従い業務を執行します。代表取締役は一般に「社長」「会長」「CEO（最高経営責任者）」などです。以上は「監査役会設置会社」と呼ぶ、上場企業では最も多い形ですが、会社法では「指名委員会等設置会社」「監査等委員会設置会社」という形の会社も規定しています。指名委員会等設置会社とは、取締役会の中に「指名」「報酬」「監査」の3つの委員会を置き、それぞれ「過半数が社外取締役」であることが条件。過半数が社外取締役の委員会が1つでよいのが後者です。上場企業の3割以上がどちらかに移行しています。

📰 株主はROEを重視、事業全体の収益力はROA

　以上に伴い重視されているのが、企業が資本を効率的に使っているかを示す自己資本利益率（ROE）です。最終的な利益である純利益を、自己資本（株主が投じた資本金と利益剰余金、自己株式など）で割って算出します。日本企業は欧米企業に比べて低いとよく指摘されます。

　企業の「稼ぐ力」を高めることは日本経済全体にとって重要であることから、政府が進めたのがガバナンス改革です。2015年に東京証券取引所と金融庁が、上場企業に対して2人以上の社外取締役の選任などを求めるコーポレートガバナンス・コードを策定したのがその動きです。

　「稼ぐ力」を示す指標としてはもう1つ、総資産利益率（ROA）があります。バランスシートの左側にある資産をどれだけ効率的に使って利益を稼いでいるかを示します。事業そのものの収益力を測るにはROAの方がふさわしい面があります。

　バランスシートの図で、右側の「負債＋純資産」のうち、どれだけを自

ROE（自己資本利益率）　$\dfrac{純利益}{自己資本（≒純資産）} × 100（\%）$

ROA（総資産利益率）　$\dfrac{利益}{資産} × 100（\%）$

（注）自己資本はバランスシートの「純資産」から少数株主持分および新株予約権を除いた額

⊕ 自社株買い

　自社株買いとは企業が自社の発行済み株式を買い戻すことです。株式の流通数を減らすので、1株当たり利益とROEを押し上げます。設備投資など他に大きな資金用途がない場合、増配と並んで株主へ利益を還元する方策です。自社の株価が安いと判断したときに行うこともあります。株価が安すぎると判断する指標は株価純資産倍率（PBR＝Price Book-value Ratio）で、1倍を割ると株価が本来の企業価値を下回っているとみなされます。

己資本でまかなっているかを示すのが自己資本比率です。借入金など他人資本はいずれ返さなければいけないお金ですが、資本金や過去の利益を蓄積した利益剰余金は返さなくてよいお金なので、この割合が高いほど経営の安全度が高いことになります。この指標は中長期の経営の安全性を見る指標で、短期の安全性はバランスシートの左側にある流動資産、中でも手元にある現預金と、すぐ換金できる有価証券を見ます。これを月間の売上高で割ったものを手元流動性比率といいます。

広がるCSR重視経営、ESGの「G」はガバナンス

ここまでは基本的に「会社は株主のもの」という視点からの解説でしたが、従業員、政府、地域社会なども企業の利害関係者（ステークホルダー）として経営を監視するという考え方があります。会社は社会的な存在でもあり、社会問題の解決にも積極的な貢献が求められます。これが企業の社会的責任（CSR）と呼ばれるものです。

多額の資産を株式に投資する年金基金などの「機関投資家」が、環境・社会問題の解決に貢献する企業に投資する「ESG投資」も広がっています。ESGは、環境（Environment）、社会（Social）に加え、ガバナンス（企業統治、Governance）の頭文字を取ったものです。

ESG投資は、CSRに重点を置く社会的責任投資（SRI）の考えが源流にあります。2006年に国連が責任投資原則（PRI）というルールを提唱して、世界の機関投資家にESGの視点を取り込んだ投資を求めました。日本では国民年金と厚生年金の保険料を一括して運用する年金積立金管理運用独立行政法人（GPIF）をはじめ、生命保険会社など機関投資家に大きく広がっています。これに応える形で、会社の目的や存在意義を明確に掲げる「パーパス経営」の考え方も企業に広がっています。

ESG投資の主な要素・テーマ

E 環境（Environment）	S 社会（Social）	G 企業統治（Governance）
・気候変動への対応	・多様性（ダイバーシティ）推進	・独立社外取締役の増員
・生物多様性の重視	・供給網での人権問題への配慮	・少数株主の権利保護
・廃棄物の削減と再利用	・地域社会への貢献	・不祥事への対応と予防策

前のページまでは企業の財務に関連する知識を取り上げましたが、日経TESTの基礎知識の評価軸では、「法務・人事」「生産技術・テクノロジー」「マーケティング・販売」のジャンルで、ビジネスパーソンが身につけておきたい実務常識的な知識も出題対象にしています。入り口として重要なポイントを解説します。

📰 法務・人事──「働き方」の法律、実務常識として不可欠

　法律や制度に関する知識は、経済・ビジネスで起きていることを正しく理解するうえでも、実際に仕事をするうえでも重要です。特許権など知的財産権に関する法律や、独占禁止法、下請法のほか、民事再生法など企業の倒産にかかわる法律などもあります。ここではここ数年で大きな動きがあった「働き方」を巡る法律・制度について解説します。ポイントは「長時間労働の是正」「正規・非正規の不合理格差の是正」「高齢者の就労促進」の3つです。

　勤務時間、休日・休暇などは労働基準法で定められ、10人以上を雇う雇用主はそれに基づいた就業規則を作る義務があります。「リモートワーク」「副業」など新しい働き方に関してさまざまなルールができていますが、すべてに優先するのが労基法です。

　2018年の通常国会で労基法など8本の法律をまとめて改正した「働き方改革関連法」が成立し、19年度から制度が大きく変わりました。その第1の柱が「長時間労働の是正」、第2の柱が正規雇用労働者＝正社員と、非正規雇用労働者の不合理な待遇の差を解消したり、待遇差の内容・理由に関する説明義務を強化したりする「同一労働同一賃金」です。

　労基法が定める「法定労働時間」は週40時間で、この法定労働時間を超えて時間外労働＝残業をさせる場合は、時間数にかかわらず、会社と労働組合など労働者の代表が「協定」を結んで労働基準監督署長に届け出なければなりません。労基法第36条で決まっており、通称「サブロク協定」と呼びます。

　この時間外労働の上限については「月間45時間、年間360時間」と労基法で定めていますが、労使が「特別条項」を結べば実質上限がない「青

天井」になる問題が指摘されてきました。このため「45時間・360時間が上限」の原則は変わりませんが、労使が特別条項を結んだ場合でも「年720時間以内」とし、さらに「月100時間未満」などを条件とする「罰則付きの上限」を設けたのが、働き方改革関連法のポイントです。19年4月から大企業、20年4月から中小企業に適用されました（一部の業種は適用を当面除外）。同一労働同一賃金に関しては、大企業は20年4月、中小企業は21年4月から適用が始まっています。

　高齢者雇用については21年4月に施行された改正高年齢者雇用安定法により、企業には従業員に70歳まで就業機会を確保する努力義務が課されました。罰則を伴う義務ではありませんが、日本企業の多くは60歳定年で、ほとんどの企業が65歳まで働ける制度を設けているものの、66歳以上の人が働ける制度を設けている企業は半分以下で、今後、定年引き上げや再雇用期間延長などでの対応が進む見通しです。

⊕ 増える非正規労働と日本型雇用の転換

　「同一労働同一賃金」の適用が始まった背景には、日本の雇用者の中で「非正規社員」の割合が大きく上昇していることがあります。1990年代初め、雇用者に占める非正規社員の割合は2割程度でしたが、最近はおよそ4割となりました。人手不足を背景に女性や高齢者の割合が大きくなっています。また、非正規社員の4分の3近くはいわゆるパート・アルバイトです。

　新卒一括採用・終身雇用・年功型賃金を特徴としてきた日本型の正社員雇用の形態を見直す動きが目立ちます。欧米で主流の職務内容を明示したジョブ型雇用に対して、日本型は人に職をつけるメンバーシップ型雇用。賃金に関してはジョブ型が職務内容に応じた職務給なのに対して、メンバーシップ型は能力に応じた職能給が特徴とされます。

ジョブ型とメンバーシップ型の特徴

ジョブ型		メンバーシップ型
職務記述書に基づき限定的・専門的	仕事の範囲	職務の内容や範囲を限定せず、総合的
中途・経験者採用	採用	新卒一括・終身雇用
職務給	給与	職能給
限定、原則なし	勤務地	限定なし、原則あり
高い	人材流動性	低い

生産技術・テクノロジー──「ものづくり」を考える基礎

デジタル関連や脱炭素などテクノロジーの分野の新しい用語や考え方は次章以降、頻繁に登場しますが、この章の評価軸で問うのは、その基礎となるものです。例えば「かんばん方式」「多能工」といった、生産技術に関する用語です。もともとトヨタ自動車が発祥で、日本の製造業の現場に広がった用語です。

企業が優れた性能の製品を開発しても、製造した製品の品質が不安定で、納期を守れず、生産コストが割高であれば、売れません。品質（Quality）、コスト（Cost）、納期（Delivery）の頭文字をとった「QCD」は、ものづくりの3要素といわれるもので、それを実現するのが生産技術です。効率的に大量の生産を行うためには不可欠な要素です。さまざまなビジネスの基本となる、実務常識といえます。

この「QCD」の改善のために、日本だけでなく世界の企業で参考にされているのが「トヨタ生産方式」で、その中心となる「ジャスト・イン・タイム」は、必要な部品を必要なときに必要な量だけ生産し、部品や製品の在庫を最小限に抑える手法です。部品メーカーへの発注指示書を「かんばん」と呼ぶことが「かんばん方式」の由来です。日本のものづくりの強みを象徴する言葉として定着しました。

以上の考え方は、工場など製造業の現場だけでなく、サービス業の生産性向上などでも応用されており、知っておくべき知識です。

一方で最近、世界のものづくりの中で台頭しているのが、標準化した部品を組み合わせる「モジュール化」です。薄型テレビ、パソコン、スマートフォン、電気自動車（EV）などは基本的には、主要な部品を組み合わせれば製品ができあがるようになりました。この点は、第2章の入門解説の電機業界の項で登場する「コモディティー化」を可能にした手法です。

例えばアップルのスマホ「iPhone」では、アップルは設計とデザインはしますが、組み立てはEMS（電子機器の受託製造サービス）会社に任せています。こうした動きを、工場を持たないという意味で、「ファブレス（fabless）」といいます。

マーケティング・販売──基本的な用語の概念をまず知る

　最後に、マーケティングは、直接、販売や広告宣伝の部門にかかわらない人も、基本的な概念を押さえておきたい分野です。基本となるマーケティング用語の知識を持っておくことがまず重要です。

　マーケティングとは、「売れる仕組みを作ること」といわれます。そのためにはまず、「消費者が何を欲しているか」を正しく知ることが必要です。よく使われるたとえ話で、「電動ドリルを購入する顧客が本当に欲しいものは何か？」という問答があります。答えは「穴」で、「ドリル」が欲しいわけではない、というのがミソです。「消費者ニーズ」や「顧客価値」と呼ばれるものです。

　消費者のニーズを踏まえた商品を開発し、その仕組みを作っていく場合のマーケティング戦略の一般的な流れを示したのが、下の図です。

　まず、自社や自社の扱う商品が置かれた状況を、客観的に把握します。そのための手法として「SWOT分析」「3C分析」があります。SWOT分析では、自社や自社製品が置かれた環境を、強み（Strength）、弱み（Weakness）、機会（Opportunity）、脅威（Threat）に分けて考えます。3C分析は、自社（Company）、顧客（Customer）、競合（Competitor）の3つの要素に分けて考え、戦略上の課題を見つけ出すものです。

　続いて、自社が打って出る対象の市場や顧客を見定め、自社の立ち位置を決めます。まず市場を細分化（Segmentation）し、その細分化した市場のどこに狙いをつけるか（Targeting）を考え、その狙いに向けて、他社よりいかに有利なところにその商品を位置付けるか（Positioning）を決めます。以上の頭文字をとって「STP分析」といいます。

マーケティング戦略の流れ

現状の把握 SWOT分析 3C分析	→	自社の立ち位置を決定 STP分析	→	メリットを顧客に提示 4P戦略

そのうえで、ターゲット顧客に対する具体的な施策を決定します。マーケティングミックスといい、その商品にどんなメリットがあるかを顧客に提示することです。その手法として一般的なのが、製品（Product）、価格（Price）、流通（Place）、販売促進（Promotion）からなる「4P戦略」（4P分析）です。Placeは直訳すると「場所」ですが、どんな流通・販売経路を通して売るかを指します。
　以上、マクロとミクロの両面からの経済のとらえ方を整理しました。本章の練習問題20問は入門解説で解説した用語や知識の確認に加え、取り上げられなかったテーマについても説明します。

⊕ デジタルマーケティングの用語

　最近、デジタル技術を応用した「デジタルマーケティング」と呼ばれる手法が盛んに活用されています。4Pの戦略でいえば、まず価格に関連する手法でいくつか重要な用語があります。「フリーミアム」は、基本的なサービスや製品は無料で提供し、高度な機能は別途、課金するモデルです。「サブスクリプション」は一定期間の利用権を購入するもので、「ネットフリックス」など動画配信のほか、さまざまな分野で「サブスク」という言葉をよく聞くと思います。

　また、コロナ禍で一段と注目されたのが、小売店などを通さず、メーカーと消費者が直接つながるD2C（ダイレクト・ツー・コンシューマー）です。4Pの中では「流通」にあたります。サブスクもD2Cも、自社の商品・サービスの顧客に働きかけて有効に活用してもらう「カスタマーサクセス」の考え方が重要です。

　「販売促進」の分野では、スマホを見ていると頻繁に表示される「リスティング広告」や、記事に似せた「ネイティブ広告」など、多様なネット広告の手法があります。このようにマーケティング戦略の基礎と関連付けると分かりやすいと思います。第4章以降の練習問題でも取り上げていきます。

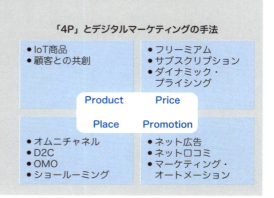

「4P」とデジタルマーケティングの手法

Q1 日本の国内総生産（GDP）について、正しい説明はどれか。海外との比較は2021年、ドル建て。

❶ 国内企業の売上高の合計とほぼ等しい。

❷ 需要面から見ると個人消費が約7割を占める。

❸ 外国人観光客の国内での消費は「輸出」として含む。

❹ 1人当たりGDP（ドル換算）はドイツとほぼ同額だ。

Q2 円安が進むことで起きるのはどれか。

❶ 輸出産業の業績が悪化する。

❷ 企業や投資家が海外に持つ資産が円換算で目減りする。

❸ 海外企業を買収するコストが円建てで下がる。

❹ 日本への不動産投資が活発になる。

A 1 ＝ ❸

KEYWORD GDP

国内総生産（GDP）は1年間に国内で生み出された「付加価値」の合計であり、企業収益でいえば粗利（売上総利益）に当たることは、入門解説の冒頭でも説明した通りです。需要面から見ると個人消費が最も大きな割合を占めますが、日本では5割台にとどまり、「約7割」を占めるのは米国です。外国人観光客の日本での消費は「個人消費」でなく「輸出」の1項目として計上しますが、日本のGDPに含まれます。インバウンド消費拡大は日本のGDPを押し上げます。

日本の1人当たりGDPをドル建てで見ると、1ドル＝約109円（期中平均）だった2021年でも約3.9万ドルと4万ドルを割り、約5.1万ドルのドイツを大きく下回っていました。世界での順位（22年10月のIMF世界経済見通し）は日本が27位に対してドイツは18位でした。

A 2 ＝ ❹

KEYWORD 円安

円相場は2022年、年初は1ドル＝115円程度だったのが一時、150円台になりました。円安には、海外から輸入する資源価格が上がるなどのデメリットがありますが、日本国内で生産した製品を輸出する企業にとっては輸出競争力が強まり、業績を押し上げる効果があります。また、海外での事業を拡大するグローバル企業や投資家が持つ海外の資産は円換算で膨らむことになります。一方で、最近活発だった日本企業による海外企業・事業買収については、1ドル＝110円から同150円に円安が進めば、これまで円換算で110億円で買収できたところが150億円になるなど、コストが膨らみ、買収しにくくなります。

逆に外国人が日本に投資するコストは低くなります。海外マネーによる割安になった日本の不動産への投資額は22年、大きく膨らんだ模様です。

Q3 日銀が金融政策で重視している消費者物価指数（CPI）について、正しい説明はどれか。

❶ 日本では日銀が調査し発表している。

❷ 一般に「企業物価指数」より変化率が小さい。

❸ 携帯電話料などサービス価格は別の指数でとらえる。

❹ 生鮮食品を含めた指数が基調判断の材料とされる。

Q4 内閣府が作成する景気動向指数は、景気循環との関係から「先行」「一致」「遅行」の3指数をそれぞれ複数の指標を合成して作成している。以下のうち2つとも先行指数の指標なのはどれか。

❶ 東証株価指数、生産指数（鉱工業）

❷ 新規求人数（除学卒）、実質機械受注（製造業）

❸ 法人税収入、完全失業率

❹ 家計消費支出、商業販売額

A₃＝❷

KEYWORD 消費者物価指数

日銀は2013年1月に「物価安定の目標」を消費者物価指数の前年比上昇率2％と定めました。消費者が購入する財（モノ）とサービスを対象にした価格を集計した指数で、総務省統計局が毎月作成・公表しています。企業間で取引される財とサービスの価格は「企業物価指数」と「企業向けサービス価格指数」に分かれ、それぞれ日銀が作成・公表します。企業物価が原材料価格を反映して大きく変化する半面、消費者物価は変化が小さく、特に上昇局面ではすぐに転嫁されにくいのが特徴です。

消費者物価はサービスの価格も対象なので、携帯電話料金が値下がりした21年度の消費者物価は原油価格上昇や円安にもかかわらず低く推移しました。また、日銀による物価の基調判断には「生鮮食品を除いた総合指数」が使われます。

A₄＝❷

KEYWORD 景気動向指数

景気動向指数については入門解説でも取り上げました。30の指標の動きを合成しますが、その指標は景気に数カ月先んじて動く「先行」と、ほぼ同時に動く「一致」、遅れて動く「遅行」系列の指標に分かれます。例えば雇用に関しては「新規求人数」が先行、「有効求人倍率」が一致、「完全失業率」が遅行系列の指標です。機械受注は主要機械メーカーの設備用機械の受注額の動向で、代表的な景気の先行指標です。価格変動の影響を取り除いた「実質」の数字を使います。

先行系列の指標はほかに、選択肢①にある東証株価指数や、新設住宅着工床面積などです。生産指数と商業販売額は一致系列の指標です。家計消費支出や法人税収入は景気に対して遅れて動くので、遅行系列の指標とされます。

2022年の日本の経常収支の中で、黒字額が最も大きい項目はどれか。

❶ 貿易収支

❷ サービス収支

❸ 第1次所得収支

❹ 第2次所得収支

日本の政府予算の内訳として、多い順に並んでいるのはどれか。

❶ 国債費、社会保障関係費、公共事業費

❷ 社会保障関係費、国債費、地方交付税交付金等

❸ 国債費、地方交付税交付金等、社会保障関係費

❹ 社会保障関係費、地方交付税交付金等、公共事業費

A5 = ❸

KEYWORD 経常収支

経常収支は選択肢の4つの収支の合計です。貿易収支は財（モノ）の輸出入で、資源価格の影響を受けやすく、2022年は原油価格高騰と円安で、大幅な赤字になりました。グラフは上期までですが、下期も含めた通年の貿易赤字額は速報ベースで19.9兆円でした。黒字を稼いでいるのは日本企業が海外への直接投資や証券投資から得る収益が膨らんでいる第1次所得収支で、22年通年でも貿易収支の赤字を埋め、経常収支は黒字となる見通しです。サービス収支は旅行や特許使用料などの収支で、赤字基調ですが、訪日外国人が増えた時期は縮小しています。第2次所得収支は無償援助などです。

図表Q5 日本の経常収支の推移（半期ごと）

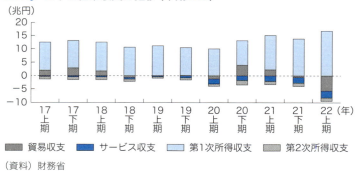

（資料）財務省

A6 = ❷

KEYWORD 社会保障関係費

社会保障関係費は政府予算の約3分の1（2023年度予算案で36.9兆円）を占め、最大の支出項目です。次いで国債費が20％超、地方交付税交付金等が約15％の順で、公共事業費は約5％です。なお、社会保障関係費とは年金、医療、介護などにかかる自己負担分を除いた費用のうち国費でまかなう分で、保険料でまかなう部分を含めた「社会保障給付費」は厚生労働省によると、2022年度（予算ベース）時点で131.1兆円、対国内総生産（GDP）比23.2％にのぼります。

日銀による以下の金融政策の中で、「金融引き締め」方向にあたる政策はどれか。

❶ 短期金融市場への資金供給を拡大する。

❷ 長期金利の誘導目標を引き下げる。

❸ 日銀が保有する国債を市場で売却する。

❹ 上場投資信託（ETF）などリスク資産を購入する。

長期金利について、正しい説明はどれか。

❶ 期間5年以上の金利を長期金利と呼ぶ。

❷ 長期金利の指標は新発10年物国債利回りである。

❸ 国債の価格が低下すると、長期金利も下がる。

❹ 景気が低迷すると、長期金利は上昇する。

A 7 ＝ ❸

KEYWORD 金融政策

引き締めとは、景気の過熱を抑えるために、中央銀行が政策金利を引き上げたり、出回るお金の量を少なくしたりすることです。選択肢①の短期金融市場への資金供給はその逆、また選択肢②の「長期金利の誘導目標」の設定は黒田総裁時代の2016年に日銀が導入した手法ですが、引き締め方向ならば長期金利は「引き上げ」です。選択肢④の株式に間接的に投資する上場投資信託（ETF）や不動産投資信託（REIT）などの購入は、購入することで日銀が支払ったお金が市中に出回るので、やはり「金融緩和」方向の政策です。

「オペ」と呼ばれる国債の売り買いは金融政策の主な手段の1つで、金融緩和方向では国債を買い入れ、その見直し局面では買い入れる国債を減らし、引き締め局面では売却してお金を吸い上げます。

A 8 ＝ ❷

KEYWORD 長期金利

長期金利とは期間1年以上の貸し借りに適用する金利のことです。長期金利は新規に発行された10年満期の国債の利回りを指標にしています。国債は株式などと同様に市場で売買されており、価格も変動します。このため、額面の利率が同じでも、購入した時の価格により満期の際に得られる利回りが変わります。国債の買い手が増えて価格が上昇すると、長期金利は下がります。選択肢③はその逆なので間違いです。また、景気が低迷すると金利も下がり、上向くと上がる関係にあります。

日本では日銀が長期金利も0％程度に誘導する長短金利操作（イールドカーブ・コントロール＝YCC）をとってきたため長期金利にはほとんど変動がありませんでしたが、金融政策が見直されれば今後はこのような金利の動きが復活すると想定されます。

海外投資家の日本株への投資を呼び込むことを主な目的に、2022年度から「プライム」など3市場に再編された東京証券取引所について、正しい説明はどれか。

❶ 最上位市場（プライム）への上場割合が欧米並みになった。

❷ 上場維持基準を新規上場基準と原則共通にした。

❸ プライム上場はスタンダード市場からの昇格を条件にした。

❹ プライム上場企業には国際会計基準（IFRS）の採用を求めた。

日経平均株価について、正しい説明はどれか。

❶ 東京証券取引所の全上場株式の時価総額の動きを示す。

❷ 史上最高値として5万円を超えたことがある。

❸ バブル崩壊後も1万円を下回ったことはない。

❹ 算出法の基本は米ダウ工業株30種平均と同じである。

A 9 = ❷

KEYWORD 東証改革

東京証券取引所が従来の「東証1部」「2部」など4つの市場を「プライム」「スタンダード」「グロース」の3市場に再編した市場改革の理由は、海外の株式市場に比べて最上位市場（東証1部）の上場企業数が突出して多く、優良企業かどうかが分かりにくいためでした。このため新規上場の基準も厳格にしましたが、それまで緩かった上場維持の基準も新規上場基準と原則、共通にしました。この選択肢②が正解です。

もくろみは以上ですが、当面は特例措置を設けたこともあり、22年4月のプライム市場スタート時点の企業数は1839社、旧東証1部上場企業の8割強と、一気には減少しませんでした。また、プライム上場には旧1、2部時代と同様ですが、スタンダードからの昇格といった条件はありません。

A 10 = ❹

KEYWORD 日経平均株価

株価指数には、採用銘柄の株価を平均する「株価平均型」と、市場全体の時価総額の増減を表す「時価総額加重平均型」があります。日経平均は前者で、「NYダウ」などとも呼ばれる米国の優良企業30社の株価の平均の算出法と同じ手法で算出しています。時価総額の動きを示すのは東証株価指数（TOPIX）や米ナスダック総合株価指数です。

2022年末の日経平均株価終値は2万6094円でした。史上最高値はバブル経済の絶頂期だった1989年12月末の3万8915円、この時のNYダウは2753ドルでした。22年末のNYダウ終値は3万3147ドルだったので、日本が89年末の約3分の2の水準なのに対し、米国は10倍以上になっています。日経平均のバブル崩壊後の最安値はリーマン危機後の09年3月に記録した7054円です。

Q11 以下のAとBに当てはまる利益の組み合わせとして、最もふさわしいのはどれか。

・本業の稼ぐ力を示すのは（　A　）である。
・配当や株価に影響し投資家が注目するのは（　B　）である。

❶ A＝売上総利益　　B＝営業利益

❷ A＝営業利益　　　B＝経常利益

❸ A＝営業利益　　　B＝純利益

❹ A＝経常利益　　　B＝純利益

Q12 企業が損益計算書に計上した純利益の累積額は、貸借対照表の中の（　　　）に計上されている。（　　　）に当てはまるのはどれか。

❶ 「資産の部」の流動資産

❷ 「資産の部」の固定資産

❸ 「純資産の部」の株主資本

❹ 「負債の部」の固定負債

A 11 = ❸

KEYWORD **損益計算書**

損益計算書に表れる「5つの利益」については入門解説で詳しく取り上げました。売上総利益（粗利）は売上高から原材料費など売上原価を差し引いたものです。営業利益はそこから人件費や事業の運営に必要な販売費・一般管理費（販管費）を差し引いたものです。それぞれ「稼ぐ力」を示しますが、売上総利益は企業の製品やサービスそのものの採算性を示すもので、総合的に本業の稼ぐ力を示すのが営業利益です。

経常利益は営業利益に営業外収益と営業外費用を足し引きしたもので、前者は所有する株式の配当金など、後者は借入金の利息などです。そこからその決算期だけ生じた利益や損失を加減し税金を支払った後の純利益が最終的な企業のもうけとなります。株主に配当したり、翌年以降の事業の原資として積み立てたりするので、投資家が最も注目する利益です。

A 12 = ❸

KEYWORD **貸借対照表**

貸借対照表は、期末の時点で、会社が保有する資産と、それらの資産がどのような資金でまかなわれたかを示します。損益計算書が示す四半期や年間などの一定期間の企業の業績を反映します。左側が「資産の部」、右側に「負債の部」と「純資産の部」があります。

「資産の部」は現預金など「流動資産」、設備など「固定資産」に分かれます。「負債の部」は他人資本と呼ばれる借入金。「純資産の部」は主に株主資本（資本金と資本剰余金、利益剰余金）で構成され、自己資本と呼びます。純利益の累積額が計上されるのは利益剰余金の項目です。このお金は「資産の部」の中で現預金として持っている分もありますが、設備や店舗にも投資されています。これがいわゆる「内部留保」です。

資産	負債
	純資産

企業のキャッシュフローの増減で、（　A　）は投資キャッシュフローの減少、（　B　）は財務キャッシュフローの増加要因になる。当てはまる組み合わせはどれか。

❶ A＝設備投資の増額　　B＝売掛金の増加

❷ A＝設備投資の減額　　B＝売掛金の回収

❸ A＝事業の買収　　　　B＝長期借入金の増額

❹ A＝事業の売却　　　　B＝長期借入金の返済

自己資本利益率（ROE）の改善につながるのはどれか。

❶ 資本力の強化を狙い、大規模な公募増資を行う。

❷ 増配を見送り、手元資金をため込む。

❸ 個人投資家が買いやすいように、株式を分割する。

❹ 収益力を引き上げるため、不採算事業から撤退する。

A 13 = ❸

KEYWORD キャッシュフロー

キャッシュフローには、日々の営業活動に伴う現金収支を示す営業キャッシュフローのほか、設備投資や企業買収に伴う投資キャッシュフロー、財務活動に伴う財務キャッシュフローの3つがあります。その増減は「お金が出るか入るか」で判断します。設備投資の増額や事業の買収はお金が出ていくので投資キャッシュフローの減少要因です。売掛金については増加してもお金は入ってきません。回収すればお金が入るので、増加要因です。借り入れについては増やすとお金が入り、返済すればお金は出ていきます。

選択肢を見ると、投資キャッシュフローの減少につながるのは①と③ですが、①の売掛金の増加ではキャッシュフローが増えるわけではないので、正解は③です。

A 14 = ❹

KEYWORD ROE

自己資本利益率（ROE）は、企業の自己資本に対する純利益の割合を示します。ROEは、利益（分子）を増やすか、資本（分母）を減らせば上昇します。公募増資では分母である資本が増加。増配を見送ると、企業が稼いだ純利益の蓄積である利益剰余金が増え、ため込めば資本が膨らみます。株式分割は株式数が増えますが、自己資本は変わらないので、ROEの改善にはつながりません。

不採算事業からの撤退は一般に利益を増やすと考えられるので、これが正解です。このほか事業再編や、成長分野への投資や付加価値の高い製品の開発に取り組むことも、ROEの改善につながる対策です。日本企業は欧米の企業に比べて株主から見た稼ぐ力であるROEが低いと指摘されてきました。

Q15 働き方改革関連法における残業時間規制について、正しい記述はどれか。

❶ 特別な事情があっても「年720時間」を上限にした。

❷ 繁忙期の1カ月のみなら、休日労働を含め月100時間を超えてもよい。

❸ 勤務医やトラック運送業にも同じ規制が適用された。

❹ 労働基準法に基づく労使協定締結は不要になった。

Q16 日本における知的財産権保護の動向について、正しい説明はどれか。

❶ 著作権の保護期間は海外に合わせて短縮された。

❷ ウェブサイトのデザインも意匠権による保護対象になった。

❸ 医薬品の特許権による保護期間は例外として短縮されることが多い。

❹ 特許出願していないノウハウを従業員が社外に漏らしても、法的責任は問えない。

A 15 = ❶

KEYWORD 働き方改革関連法

働 き方改革関連法とは労働基準法など8つの法律をまとめて改正したものです。2019年4月にまず大企業から適用が始まりました。労働基準法が定める「法定労働時間」は週40時間、労使が労働基準法第36条に基づく協定を結んだ場合に「月45時間、年360時間」まで残業を認める、という原則に変更はありません。ただし、これまで労使が特別条項付き協定を結べば上限がなかったところを「特別条項付きでも年720時間まで」という上限を設けたのがポイントです。また、特別な事情がある場合でも「月100時間未満」が上限です。

なお、勤務医とトラック運送業については特例として、5年間の猶予が設けられていました。24年4月からは「年960時間まで」（医師は一部1860時間まで）などとする規制が適用されます。

A 16 = ❷

KEYWORD 知的財産権

著 作権の保護期間は環太平洋経済連携協定（TPP）など海外との通商協定締結に合わせて従来の50年から70年に延長されました。医薬品は特許出願以降、製造承認まで時間がかかり実質的に有効な保護期間が短いことから例外として延長が認められています。特許にはあたらないノウハウなどの「営業秘密」も知的財産権としての保護対象で、ライバル企業などに漏らせば不正競争防止法違反に問われます。

意匠権については2020年4月から施行された改正意匠法でデジタル画像が保護対象に加わり、サイトやアイコン、ツールバーなどのデザインも意匠権を取得できるようになりました。それまで日本ではスマートフォンの初期画面など「モノ」に付帯しているデザイン以外は意匠権が及ばないとされてきましたが、この改正で出願と登録が増えています。

Q17 マーケティング戦略を立案する上で、3つの「C」を考慮して分析する「3C分析」という手法がある。3つのCとして、Company（自社）、Customer（顧客）に並ぶのはどれか。

❶ Competitor（競合）

❷ Client（取引先）

❸ Communication（コミュニケーション）

❹ Cost（コスト）

Q18 マーケティング施策を展開する際に使う「4P戦略」の視点として、当てはまらないのはどれか。

❶ 製品を通して提供できるメリットは何か。

❷ 顧客が購入してくれる価格なのか。

❸ 市場における自社のポジションが明確になっているか。

❹ 製品の認知度を高める仕掛けが準備されているか。

A 17 ＝ ❶

KEYWORD 3C分析

3 C分析は外部環境である市場とそこでの競合状況に内部要因である自社の状況を照らし合わせることで、マーケティング戦略の立案につなげるフレームワーク（考え方）です。対象とするのは事業上のプレーヤーであり、生産・販売などにかかわるコミュニケーションやコストは入りません。クライアントは、より広い概念であるCustomer（顧客）に含まれます。正解はCompetitor（競合）です。

例えば新製品を開発する場合、Customerでは市場の規模や将来性を把握。Competitorでは競合が類似の商品を既に販売しているか、開発中か、販売している場合は市場でのシェアや売り上げ伸び率がどのくらいかなどを分析します。Company＝自社ではその開発に注げる技術力や経営資源など強みと弱みを探ります。

A 18 ＝ ❸

KEYWORD 4P戦略

4 P戦略（分析）はProduct（製品）、Price（価格）、Place（流通または販路）、Promotion（販売促進）からなります。「ポジション」に関する選択肢③は前の問題で取り上げた「3C分析」で市場、競合、自社の要素を照らし合わせて明確にする際の視点なので、ここに当てはめるならPlaceの視点です。

例えば安価な日用品であればスーパーやドラッグストア、高級品なら百貨店、といった考え方が基本です。ネット通販が普及する中では、オンラインショップを主な販路にする、オンラインと実店舗を組み合わせる、消費者と直接つながる「D2C」による直販にするなどといった選択肢が出てきました。「顧客層を考えるとどこでどのように売るべきか」という視点が必要になります。

一般に、事業や政策の進捗状況などを客観的に評価する際に使う手法の略称はどれか。

❶ BCP

❷ CRM

❸ KPI

❹ LTV

ロンドン金属取引所（LME）の先物が価格指標であり、電気自動車（EV）も含む幅広い産業分野に使用され、世界景気の先行指標といわれる金属はどれか。

❶ 金

❷ プラチナ

❸ 銅

❹ 亜鉛

A 19 = ❸

KEYWORD KPI

KPIはKey Performance Indicatorの略で、「重要業績評価指標」といいます。最終的な目標を指すのがKGI（Key Goal Indicator＝重要目標達成指標）で、KPIはその目標（ゴール）に向けてのいわば「中間目標」であり、数値化することで、目標達成に必要な業務プロセスをどの程度達成できたかを管理・評価しやすくします。

　BCPは災害時などの対応を定めた事業継続計画（Business Continuity Plan）、CRMは顧客情報管理（Customer Relationship Management）。LTV（Life Time Value＝顧客生涯価値）は、1人の顧客が企業と取引を始めてから終えるまでの間に、どの程度の収益をもたらすかを示すもので、「継続期間×単価×購入頻度」などは「マーケティング目標達成のため」と限定すれば、KPIとなるものです。

A 20 = ❸

KEYWORD 銅

金属はエネルギー資源、農産物とともに国際市場で大量に取引される商品です。選択肢の中で金とプラチナは貴金属、銅と亜鉛は生産量が多い「ベースメタル」であり、生産量が圧倒的に多い鉄と区別して「非鉄金属」とも呼びます。その中でも銅は、日用品や家電など身近な製品から電線・ケーブルなどインフラ、最近は特に自動車での需要が急増しています。電気自動車（EV）の動力源であるモーターに不可欠な銅の自動車向け需要は3倍以上になると予測されています。

　選択肢の中では亜鉛とプラチナもロンドン金属取引所（LME）に上場されていますが、銅のLME3カ月先物は世界景気の先行指標として注目され、経済記事にしばしば登場します。景気の診断役として「ドクター・カッパー（copper＝銅）」の異名もあります。

第**2**章

実 践 知 識
Knowledge

★ この評価軸の出題趣旨

ビジネスパーソンが課題を解決する際に役に立つ実践的な知識が身についているかを測るのが、この評価軸です。会社を取り巻く「経営環境」と、その中で個別の企業がどのような戦略で臨んでいるかを問う「企業戦略」の2つの問題があります。「生きた経済」を対象とし、出題範囲も広く見えますが、「ビジネスのために押さえておくべき知識」と考えると焦点が絞られます。この章でもまず、「経営環境」「企業戦略」から重要なキーワードをあらかじめ解説します。

Q21 → Q40

世界経済と業界を知り
企業戦略の背景をつかむ

2 実践知識

　この章の入門解説では、企業を取り巻く経営環境の変化と、それに対応した企業戦略について、入門的に知っておきたい知識を取り上げます。前者では経済のグローバル化が進む中での世界経済の動向、後者では主な業界の動向を押さえておくことが、「実践知識」になじむ入り口です。

　前半では米国、中国、欧州、アジア・新興国と、貿易体制に関する知識を、後半では自動車、電機・精密・電子部品、通信・ネットビジネス、金融、小売り・商社の各業界を取り上げます。ここでも、それぞれのニュースが報じられるうえで前提となっている知識から解説を進めます。

米国経済

消費が70％を占める経済、経常収支は巨額の赤字

　第1章の入門解説で紹介した世界の経済規模（名目GDP）のランキングが示すように、米国と中国は世界経済の2大プレーヤーです。具体的な数字で規模感を頭に入れておくと、大きな構図をつかむのに役立ちます。

　米国の名目GDPは2021年時点で約23兆ドル、世界全体のGDPの約

図表2-1 米国の貿易収支の推移と主な貿易赤字先国（2021年）

（資料）経済産業省「通商白書2022」から作成

24％を占めます。

米国経済の特徴は、まずGDPに占める個人消費の割合が約7割と高いことです。日本は個人消費が5割台、中国は4割弱です。このためモノの輸入が多く、モノの貿易で常に赤字です。

輸入が輸出を上回ることは個人消費が活発であることを意味し、国の経済全体にとって悪いことではありません。とはいえ自動車や鉄鋼など個別の業界には、米国の労働者の雇用を減らすとして強い反発があります。

自国の産業の保護を目的に、自由貿易に反対し、関税や輸入制限などの政策を行うことを保護主義といいます。米国の対日貿易赤字が最も大きかった1970年代から90年代半ばにかけては自動車や半導体などで「日米貿易摩擦」が大きな外交問題になったことがあります。

2017年に就任したトランプ前大統領は貿易赤字を損とみなして2国間での赤字是正を図り、環太平洋経済連携協定（TPP）から離脱したり、カナダとメキシコとの北米自由貿易協定（NAFTA）を見直して米国への輸入制限措置を盛り込んだ米国・メキシコ・カナダ協定（USMCA）を結び直したりする保護主義政策を実行しました。19年にかけては最大の貿易赤字相手国である中国からの輸入を制限する「制裁関税」を発動し、米中

貿易戦争とも呼ばれる事態が起きました。これにより貿易赤字はやや縮小したものの、バイデン大統領が就任した21年はコロナ禍からの経済の急回復によりモノの輸入が大きく増え、再び赤字は拡大しました（図表2-1）。

黒字であるサービス収支や第1次所得収支を加味した経常収支も21年は前年比33％増え過去最高の8216億ドルの赤字を記録。米国はその分を埋め合わせるお金を世界から借りる「世界最大の純債務国」となっています。それを成り立たせているのが、世界の投資マネーを米国に引き付ける「強いドル」です。以上が米国経済を理解する第1のポイントです。

金融政策と雇用に注目、22年は4回連続0.75％ずつの利上げ

第2のポイントが、金融政策と雇用の動向です。第1章入門解説の図表1-15で見たように、中央銀行である米連邦準備理事会（FRB）は2015年に政策金利0〜0.25％の異常な状態から脱し、段階的な金利引き上げを始めていました。リーマン危機後の09年6月から20年2月まで、戦後最長といわれる景気拡大期間（128カ月、それまでの最長は1991年3月から2001年3月までの120カ月）が続く中で、完全失業率など雇用関係の指標も着実に改善していたためです。

[図表2-2] 米国の完全失業率と消費者物価上昇率

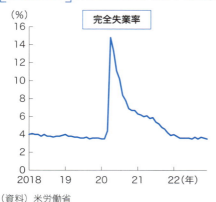
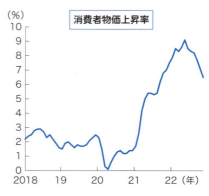

（資料）米労働省

政策金利はその後、19年半ばから引き下げに転じ、コロナ危機対応で20年3月、再び0〜0.25％まで一気に引き下げていましたが、経済の急回復により21年11〜12月の消費者物価上昇率が39年ぶりの高水準となり、インフレ克服が再び課題になったことから、22年3月、再び利上げに転じました。

　政策金利の変更幅は通常、0.25％ずつですが、22年6月には約27年半ぶりにその3倍の0.75％の引き上げを決定。11月まで4回続けて0.75％ずつの利上げを実施しました。

　22年6月には前年比9％を超えていた消費者物価上昇率が年後半に入ってやや低下したことから、12月は0.5％引き上げと利上げテンポがやや鈍りましたが、失業率はなお3％台と低い水準で、賃金上昇により再びインフレが加速する懸念は大いに残っています。2023年以降の見通しについては第6章で改めて取り上げます。

⊕ 米雇用統計は「世界で最も注目される経済指標」

　米国の金融政策の特徴は、米連邦準備理事会（FRB）が金融政策の目的を、物価の安定とともに、「雇用の最大化」にしていることです。雇用を重視するのは日欧など米国以外の中央銀行にない特徴で、「デュアルマンデート（2つの責務）」ともいいます。失業率以上に注目を集めるのが、毎月、原則第1金曜日に発表される米国の雇用統計です。「非農業部門の雇用者数」の前月に比べた増減は、完全失業率より早く雇用動向を映すとされるためで、「世界で最も注目される経済指標」とも呼ばれます。

中間選挙で「ねじれ議会」、24年大統領選へ国内分断加速も

　第3のポイントは、2021年1月に就任し22年11月に中間選挙による「審判」を受けたバイデン大統領の政策と、24年の次回大統領選です。バイデン政権の看板政策は巨額の財政支出を伴う「米国救済計画」「米国雇用計画」「米国家族計画」の3本柱ですが、インフレへの対応に追われたうえ、中間選挙では下院で共和党が多数派を握りました。予算措置を伴う法案の成立には共和党の協力が欠かせなくなります。政権高官の人事を承

認する権限を持つ上院ではかろうじて多数派を維持したとはいえ、政策遂行能力は衰えます。この「ねじれ議会」を利用して野党共和党が24年11月の大統領選に向けて政権に揺さぶりをかけるのは確実で、米国の内政は不安定な状況が続きます。21年1月に起きた米連邦議会占拠事件が象徴する国内の分断も深刻化する可能性があります。

中国に対してはバイデン大統領率いる民主党も野党・共和党も強硬です。バイデン政権は「脱炭素」や国連や欧州連合（EU）との国際協調路線、そして看板政策に関連する社会福祉拡充や企業・富裕層への増税などの政策では伝統的な共和党やトランプ前大統領の政策と真逆な印象がありますが、「米国第一」「反貿易協定」など保護主義的な政策ではあまり変わりがありません。米国の製造業を出し抜こうとする中国には断固たる措置をとる、というのが民主党の政策です。さらに経済力でも軍事力でも米国を上回ろうとする中国の強国戦略、特に台湾統一を目指す動きを強く警戒しています。

バイデン大統領は22年10月、高性能の半導体やその製造装置、スーパーコンピューターや人工知能（AI）に絡んだ中国への輸出を原則として全面禁止する、かつてなく厳しい規制措置を発表し、日本や欧州にも同調を求めました。トランプ時代から進み始めた米中の分断（デカップリング）は一段と進む見通しになっています。

⊕ 米大統領選と議会選の仕組み

米大統領選挙は4年に1度、「11月の第1月曜日の後の火曜日」に投開票されます。形式上は各州に割り当てられた538人の「選挙人」を選ぶ間接選挙で、大半の州では最多得票の候補者がすべての選挙人を獲得する「勝者総取り」の方式を採用しているため、選挙人が多い大票田の州で勝てば有利です。毎回、勝利政党が変わりやすい南部フロリダや中西部オハイオ、東部ペンシルベニアなどの激戦州「スイングステート」の結果が勝敗を決することが多くなっています。

一方、連邦議会は任期6年の上院（定数100）と任期2年の下院（定数435）に分かれ、大統領選と同時とその中間の年のやはり11月、2年ごとに選挙を行い、上院では約3分の1ずつ、下院では全435議席が改選の対象になります。なお、上院は副大統領が議長を兼ね、賛否同数の場合に一票を投じることができます。

中国経済

投資主導から消費主導へ、「共同富裕」がキーワード

　米国に次ぐ世界2位の経済大国となった中国の経済規模は2021年時点、名目GDPが約17.7兆ドルと、世界経済の約18％を占めます。図表2-3は米中の名目GDPの推移です。10年に日本を上回り、その後10年で既に日本の3倍近くになったことは第1章の図表1-6でも見ました。米中のGDP規模の差も急速に縮まり、ほぼ4対3まで追い上げています。

　ただし、日米と中国のGDPの構成は大きく異なります。米国は個人消費は約7割、日本も5割以上を占めますが、中国は4割弱です。その代わりに大きいのが政府と民間の投資（総固定資本形成）で、日米が2割台なのに対し、4割以上を占めます。この割合は年率10％前後の経済成長が続いた2000年代に大きく上昇しました。「投資主導の高成長」が中国経済の従来の特徴でしたが、習近平（シー・ジンピン）氏が12年に中国共産党総書記、13年に国家主席に就いたころから過剰投資の弊害が目立ち始め、16～20年の5カ年計画では、成長率を減速させ、過剰設備を抱える国有企業の改革などを進める安定成長路線に転換しました。

　21～25年の5カ年計画では、従来の輸出主導型の成長路線の見直しを

[図表2-3] 米国と中国の名目GDPの推移（ドル換算）

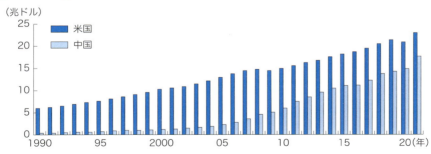

（資料）国際通貨基金（IMF）世界経済見通し（2022年10月）。市場為替レートによる米ドル建て換算値

明確にし、貿易を軸とする「外」と、消費を柱とする「内」の2つの循環（双循環）による成長、特に「内」を重視する内需主導型の成長路線を打ち出しています。

中国の1人当たりGDPは19年、中所得国入りの目安とされる1万ドルを超え、習総書記は21年7月の中国共産党創立100年を記念した式典で、政策スローガンとして据えてきた「小康社会（国民生活にややゆとりがある社会）」の全面的な達成を宣言しました。

しかし、その中で富の格差は拡大しており、富裕層の上位1%による富の占有率は30%を超えるといわれます。貧富の格差を縮小して社会全体が豊かになる「共同富裕」が次の政策スローガンとなりました。最近の中国経済を読み解く第1のキーワードです。

習近平体制3期目、2049年の建国100年へ強国戦略

第2のキーワードは「強国戦略」です。習近平体制1期目に打ち出した広域経済圏構想「一帯一路」と、産業政策「中国製造2025」がその両輪で、中国と欧州をつなぐ巨大な広域経済圏構想を目指す前者では、中央アジアを通り欧州に向かう陸路（一帯）と、南シナ海からインド洋を通り欧州に向かう海路（一路）の沿線約70の国のインフラ整備に資金を提供しながら、中国製品の市場を開拓。後者では次世代情報技術など10の重点分野と23の品目を設定して産業を重点的に育成し、半導体などで米国を頼らない供給体制を築いていくのが目標です。

2022年10月の中国共産党大会で異例の3期目に入った習氏は長期政権体制を確立し、中国建国100年にあたる49年までに、経済、軍事、文化などあらゆる面で米国に並ぶ「社会主義現代化強

中国の動き

1949年	中華人民共和国建国
1979年	米中が国交樹立
1989年	天安門事件
1997年	香港返還（一国2制度開始）
2012年	習近平氏が党総書記就任
2013年	習氏、国家主席就任
2015年	中国製造2025発表
2017年	習党総書記2期目に
2018年	憲法改正（主席3期可能に）
2021年	中国共産党創立100年
2022年	共産党大会、習党総書記3期目に
2047年	香港・一国2制度終了期限
2049年	中国建国100年

⊕ 共産党大会が最高意思決定機関、「習一強」から「習一極」に

中国の政治・経済に関するニュースでは、「共産党大会」や「全人代」という言葉がよく出てきます。中国は共産党の一党独裁体制という、他の主要国と異なる政治体制をとっています。中国では中国共産党が、政府に当たる国務院や、国会に相当する全国人民代表大会（全人代）より上位に位置付けられます。全人代は毎年3月に北京で開催され、各省・自治区・直轄市や大手企業、軍などから選ばれた約3000人の代表（議員に相当）が参加して予算案や法律の制定・改正などを審議しますが、実質的には、上位にある中国共産党の方針を容認する機関です。

中国共産党の最高意思決定機関が、5年に1度開かれる共産党大会です。中国共産党は一般党員約9500万人。党大会で約200人の中央委員を選出します。大会直後に開く会議で政治局員25人を選定、さらにその中から最高指導部である政治局常務委員7人（チャイナセブンと呼びます）を決め、常務委員から総書記を選びます。

22年10月の共産党大会では事前の予想通り習近平総書記が選出されましたが、常務委員の他のメンバーは李克強首相ら4人が外れ、「習派」で固めました。2期目までは習氏が他のメンバーより上位の「一強」でしたが、権力が習氏に集中する「一極」体制に変質したとされます。

国」を目指しています。国内に資本主義経済の維持を認める「一国2制度」の特別行政区である香港に対しては、20年に香港国家安全維持法を制定し、「一国」としての統制を強めました。台湾統一についても「必ず実現しなければならない」（党大会での習氏の活動報告）とし、米国の介入を強くけん制しています。厳しい統制のもとでの経済成長モデルなど「中国式現代化」による中華民族復興を強く打ち出したのが3期目の習体制の特徴です。

米中の対立は米国のトランプ前政権時代の貿易摩擦から始まりましたが、バイデン政権に代わって全面的な対立に発展しました。安倍晋三元首相が提唱した「自由で開かれたインド太平洋」を米国が支持し、オーストラリアとインドが加わった「Quad（クアッド）」や、米国が英国、オーストラリアと立ち上げた「AUKUS（オーカス）」など、中国に対抗する経済・安全保障の協力体制が敷かれています。

人口減が成長のネックに、過剰債務もリスク要因

　第3のキーワードは「人口減少」です。中国の経済成長率は2022年、ゼロコロナ政策により大きく落ち込みましたが、長期的に成長を制約するのが人口減です。15年まで続いた「一人っ子政策」の影響で、22年の中国の出生数は956万人と建国以来最低になりました。中国国家統計局の23年1月の発表によると、中国の22年末の人口は14.12億人で、前年比で初めて減少に転じました。23年にも総人口でインドに抜かれる見通しです。

　また、国連の人口推計によると、中国の生産年齢人口（15〜64歳）は22年の9.8億人から50年には7.7億人と、2億人以上減る見通しです。中国の高齢化率（65歳以上の割合）は、22年は14%弱ですが、50年には30%と、現在の日本並みに急速に老いていきます。

　図表2-3で見た中国経済の勢いでは30年代前半にも中国のGDPが米国を上回りそうに見えますが、逆転しても米国が再逆転するか、結局は上回われないといった予測も出てきました。中国の急速な高齢化による成長の減速も見込んだものです。中国には豊かになる前に老いてしまうことを懸念する「未富先老」という言葉があります。

　このほか、不動産部門や国営企業の過剰債務の問題もくすぶり続けています。国際決済銀行（BIS）によると、中国の債務残高は22年6月時点で同国のGDPのほぼ3倍と過去最高になりました。無謀な投資を繰り返し経営危機に陥った不動産大手、中国恒大集団など民間部門の債務もありますが、ゼロコロナ政策による景気悪化への対策で地方政府がインフラ建設のため債券発行を増やしたことが、債務急膨張の背景にあるとされます。

　中国はアリババ集団、テンセントなど、米国の「GAFA」に対抗するIT大手を緩めの規制で支援してきましたが、20年11月に起きたアリババ集団傘下のアント・グループの突然の上場延期を皮切りに、21年からはゲーム業界や学習塾なども対象とした規制強化政策が相次ぎました。「共同富裕」による格差是正の狙いがあるとされますが、これらの政策も中国の成長力をそいでいく可能性があります。

欧州経済

市場と通貨と金融政策を統合、英国脱退し27カ国

欧州連合（EU）は1993年に誕生しました。政治の面では立法（欧州議会）、行政（欧州委員会）、司法（欧州連合司法裁判所）、外交（欧州対外活動庁）の機能を持ちます。経済の面では加盟国が経済・通貨を統合して「単一市場」を形成するのが最大の特徴です。東欧などに加盟国を増やし、28カ国まで拡大しましたが、2020年1月、英国が脱退して27カ国になりました。

02年に単一通貨「ユーロ」の流通が始まり、23年時点で20カ国がユーロを使用します。この地域を「ユーロ圏」といい、欧州中央銀行（ECB）が共通の金融政策をとっています。

英国はもともとユーロに参加せず、通貨はポンド、イングランド銀行が中央銀行です。スイス、ノルウェー、アイスランドはEUに加盟していません。

単一市場とは、域内の人・モノ・資本・サービスの移動を自由化し、1つの市場を形成することです。21年の27カ国合計のGDPは約17兆ドル強と、世界経済に占める割合は中国をやや下回る約17％台でした。GDPで世界5位の英国が脱退したことで、単一市場としての規模は縮小しました。

欧州連合（EU）を巡る動き

1967年	EUの前身、欧州共同体（EC）がフランス、西独＝現ドイツなど6カ国で発足
1973年	英、デンマーク、アイルランドがEC加盟
1993年	欧州連合（EU）が発足（12カ国）
1999年	欧州単一通貨ユーロ導入
2002年	ユーロ流通開始。英、スウェーデン、デンマーク除く12カ国が導入
2013年	クロアチアが加盟、28カ国に
2016年	英国民投票でEU離脱が過半数
2017年	英国のEU離脱交渉始まる
2020年	英国が離脱、27カ国に
2021年	EUと英国のFTAが発効

EUの主な統治機構（2022年1月）

欧州理事会（首脳会議）
ミシェル大統領（ベルギー）

欧州議会
（立法機関）
メツォラ議長
（マルタ）

欧州委員会
（行政機関）
フォンデアライエン
委員長（ドイツ）

欧州連合司法
裁判所

欧州中央銀行
ラガルド総裁（フランス）

📰 高い失業率、ポピュリズム台頭の背景

　EUの経済の特徴は、イタリア、スペイン、ポルトガル、ギリシャなど南欧諸国の失業率が極めて高いことです。2022年秋時点の失業率はギリシャとスペインが11〜12%、フランスとイタリアも7〜8%と高く、主要国ではドイツのみが3%台です。特に若年失業率が高く、スペインでは30%以上に達します。

　次に、「市場と通貨と金融政策は統合したものの、財政は国ごとにばらばら」なことです。09年にギリシャが巨額の財政赤字を隠していた問題に端を発してイタリア、スペイン、ポルトガルなどが財政難に陥る「欧州

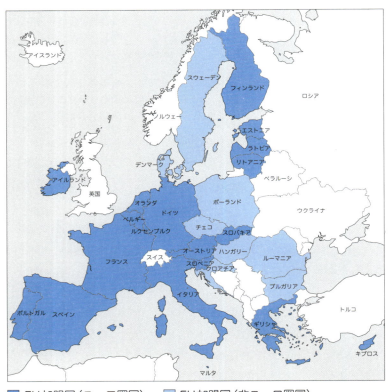

債務危機」が起きました。ECBが大規模な金融緩和や各国に不良債権を持つ金融機関への公的支援を行い危機は収束し、EUは各国に改めて財政緊縮策を課しましたが、これに反発する右派のポピュリズム（大衆迎合主義）政党が台頭するなどの動きが起きました。

英国では移民急増への反発を直接のきっかけに16年の国民投票で EU離脱（ブレグジット＝Brexit、英国＝Britainと、離脱＝Exitによる造語）賛成が多数となり、20年1月、同年末までを移行期間とした離脱手続きをとりました。英国はもともとEUの政策と距離をとっており、通商や外交でEUの共通政策に縛られることを嫌った背景もあります。

📰 ロシア産エネルギーに依存、各国政権も不安定

以上のように結束が揺らいできたEUですが、2022年、ロシアのウクライナ侵攻により、新たな課題に直面しました。各国のロシア産エネルギーへの依存です。EU統計局によると、20年のEUのエネルギー使用全体に占めるロシア産エネルギーの割合は天然ガスで41％、石油で37％、石炭で19％です。天然ガスの大半はロシアからのパイプラインで供給されており、主要国では特にドイツの依存度が高いのが特徴です。

EUはロシア産のエネルギーへの依存を27年までに終わらせるとしていますが、その中では原子力や液化天然ガス（LNG）の活用が課題になります。原子力発電の割合が高いフランスに対し、ドイツは「脱原発」を進めてきましたが、今後の動向が注目されます。

欧州は政治の面でも不安定さが増しています。ドイツでは22年、メルケル前首相を引き継いだ社会民主党のショルツ首相が州議会選で苦戦。フランスでは22年4月にマクロン大統領が再選を果たしましたが、6月の総選挙では過半数割れしました。イタリアではドラギ首相が退陣し、右派のメローニ政権が誕生しました。インフレによる生活苦も背景にあります。

EUから脱退した英国でも22年、ジョンソン首相がスキャンダルで退陣。トラス首相が9月に就任しましたが、経済政策の失敗による通貨ポンドと英国債価格の急落から在任わずか45日で辞任し、スナク首相（元財務相）が就任するなど、混乱が広がっています。

アジア・新興国経済

📰 ASEAN、中間層の消費市場拡大

　中国以外のアジア経済全体を見ます。アジアNIES（新興工業経済群）と呼ばれる韓国、台湾、香港、シンガポールの4カ国・地域と、東南アジア諸国連合（ASEAN）に加盟するタイ、インドネシア、マレーシアなど10カ国、そしてインド、パキスタンなど南アジア経済が主にあります。

　アジアNIESのうち韓国はサムスン電子、LG電子、SKハイニックスなど、台湾は世界最大の半導体受託製造会社の台湾積体電路製造（TSMC）、米アップルからiPhone生産の約6割を請け負う鴻海（ホンハイ）精密工業など、ITに関連する産業が牽引する輸出主導の経済です。

　ASEANのうち、人口が多いインドネシアとフィリピンは内需主導で成長が続いています。タイ、マレーシアは輸出型の経済です。特にタイは日

[図表2-4] ASEAN各国概要と日本の貿易相手国・地域（2021年）

	名目GDP （億ドル）	人口 （万人）	1人当たり GDP（ドル）
インドネシア	11,861	27,636	4,292
タイ	5,060	6,995	7,233
フィリピン	3,941	11,105	3,549
シンガポール	3,970	545	72,794
マレーシア	3,727	3,278	11,371
ベトナム	3,626	9,817	3,694
ミャンマー	651	5,481	1,187
カンボジア	270	1,695	1,591
ラオス	188	738	2,551
ブルネイ	140	44	31,723
合計	33,433	67,333	4,695

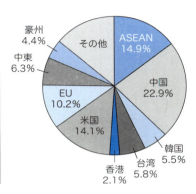

（資料）外務省

本など世界の自動車産業の一大集積地で、完成車工場に加え、多くの部品メーカーも進出しています。

　ベトナムは、賃金が上昇した中国から先進国の生産拠点が移り、輸出主導の成長が続いています。中国と同じ社会主義国ですが、TPP（環太平洋経済連携協定）のメンバー国です。カンボジア、ラオス、ミャンマーは「CLM」と呼ばれ、成長が期待される地域ですが、ミャンマーでは2021年2月に起きた国軍のクーデター以降、国内の混乱が続いています。

　ASEANは15年、各国の主権を優先するなどEUに比べ緩やかな枠組みの経済圏、ASEAN経済共同体（AEC）を発足しました。EUと比較すると、GDPの合計では下回りますが、人口は大きく上回ります。1人当たりGDPが4000ドルを超えたインドネシア、同3000ドル台のフィリピンは人口が多く、中間層の消費市場の拡大が見込まれます。

　図表2-4右のグラフで日本の貿易額（輸出＋輸入）に占めるASEANの比率が分かります。21年は日本の対世界貿易の約15％を占め、中国に次ぎ、米国をやや上回る存在です。

　今後、急速な経済成長が見込まれるのが南アジアです。この地域の21年

の人口は、世界2位のインド（約13.9億人）、5位のパキスタン（約2.2億人）、8位のバングラデシュ（約1.7億人）と、東南アジアを大きく上回ります。

インドは人口で世界最大へ、ロシアは資源依存経済

　インドは中国に次ぐ世界2位の人口を擁し、国連の予測では2023年中にも人口で中国を抜きます。14年に始動したモディ政権下で経済改革を進めています。タタ・グループなど財閥主導の経済でしたが、中国の習近平政権が民間企業への規制を強める中でインド企業には世界の投資マネーが集まり、ユニコーン（企業価値10億ドル以上の未上場企業）の数は米中に次ぎます。外交的には、日米オーストラリアと連携し、中国を牽制するポジションにあります。

　ロシアとブラジルは原油や鉄鉱石など、資源に依存する経済で、21年の名目GDPの順位は韓国に次ぎ、世界の11、13位です。ロシアは米国やサウジアラビアと世界首位を争う産油国でもあり、ウクライナ侵攻前の21年時点、天然ガス輸出額では世界1位でした。

　G7と呼ばれる主要7カ国（フランス、米国、英国、ドイツ、日本、イタリア、カナダ＝G7首脳会議の議長国順）とEUに、中国、ロシアのほか、アルゼンチン、オーストラリア、ブラジル、インド、インドネシア、韓国、メキシコ、サウジアラビア、南アフリカ、トルコを加えた20カ国・地域を「G20」と呼びます。世界のGDPの8割を占めます。

資源国、「脱炭素」への対応も課題に

　先に挙げたロシア、ブラジルに加え、サウジアラビア、オーストラリア、インドネシア、南アフリカは「資源国」と呼ばれる国々です。サウジアラビアでは2019年12月、国営石油会社サウジアラムコが国内の証券取引所で新規株式公開し、たびたび世界の株式時価総額トップに立っています。日本にとって最大の原油輸入先国です。

　オーストラリアは日本の液化天然ガス（LNG）の最大の輸入先国で、石炭、鉄鉱石でも1位です。資源国は市況に左右されながらも高い成長を続けてきましたが、「脱炭素」への対応が課題になっています。

世界の貿易体制

📰 WTO、自由化交渉「漂流」で、メガFTAが拡大

　世界経済に関する知識の最後に、貿易体制について補足します。世界貿易機関（WTO）は、貿易紛争をルールに基づき解決する「紛争解決制度」と、モノの貿易だけでなく知的財産権やサービスの貿易の障壁を低くしていく「貿易交渉委員会」を持つ機関です。前身の関税貿易一般協定（ガット）時代からすべての加盟国が参加するラウンド（多角的通商交渉）と呼ぶ自由化交渉が進められてきました。WTO体制下で初めて行われたのが、2002年にカタールの首都ドーハで開始された「ドーハラウンド」です。

　ドーハラウンドは当初、05年1月を交渉期限にしていましたが、全会一致を原則とするため、加盟国・地域の利害がぶつかり、「漂流」とも呼ばれる状態が続きました。その中で広がったのが、特定の国や地域との間で貿易を原則自由化する動きです。主にモノの貿易の関税撤廃を目指すのが自由貿易協定（FTA）、投資や知的財産なども対象にしたのが経済連携協定（EPA）です。WTOは加盟国間の差別を禁じていますが、一定の条件を満たせば2国間や多国間の協定を結ぶことは認めています。

　FTAやEPAをさらに進めたのが、多国間の枠組みである「メガFTA」です。当初は米国も含めた12カ国で調印したTPPはトランプ前政権下の米国が離脱し、11カ国による「TPP11」として発足しました。日本とEUによるEPAも19年に発効しました。英国のEU脱退に伴い日本と英国も20年、EPAを結び、英国はさらにTPPにも加盟を申請しています。

　このほか中国、韓国、インドやASEAN10カ国など16カ国が交渉を進めてきた東アジアの

WTOを巡る動き

1995年	WTO発足
2001年	中国が加盟
2002年	ドーハラウンド交渉開始
2012年	ロシアが加盟
2017年	トランプ米政権が機能不全を非難
2019年	紛争処理の上級委が機能停止
2021年	ナイジェリア出身のオコンジョイウェアラ事務局長が就任

[図表2-5] 日本を巡る主な経済連携の枠組み

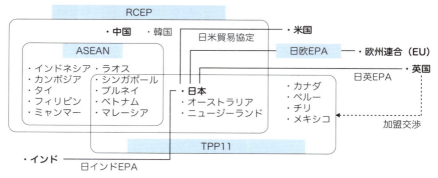

(2023年1月時点)

　地域的な包括的経済連携（RCEP）は、2020年、大幅な関税自由化による自国産業への打撃を恐れるインドが離脱し15カ国で署名しました。TPPに比べ貿易の自由化度などは低いものの、インド抜きでも人口、GDPでそれぞれ世界の約3割を占める巨大な貿易協定になります。

中台がTPP加盟申請、米国はIPEFで「対中包囲網」

　日本は2019年、TPPを離脱した米国とモノの貿易に関する日米貿易協定を結びました。バイデン政権はトランプ前政権と同様、米国の労働者の利益第一の姿勢を崩しておらず、TPP復帰には慎重です。その中で21年9月、中国と台湾が相次ぎTPPへの加盟を申請しました。中国の動きは対中包囲網を強める米国への対抗措置と見られています。

　一方、米国は、モノの貿易の関税引き下げや撤廃を対象外に、半導体など重要物資の供給網（サプライチェーン）などで協力する新経済圏構想「インド太平洋経済枠組み」（IPEF＝Indo-Pacific Economic Framework）の交渉を呼びかけ、22年9月の閣僚会合には日本、韓国、オーストラリア、ニュージーランド、インド、フィジー、東南アジア諸国連合（ASEAN）7カ国の計14カ国が参加しました。こちらは文字通りの「対中包囲網」であり、経済と安全保障・政治が絡み合う「貿易の武器化」といわれる現状を象徴しています。

入門解説の後半では、産業界に関する知識を解説します。日本の産業を巡る環境や勢力図はここ数年、デジタル化で大きく変わりました。代表的な業界を5項目に整理して取り上げます。

自動車

裾野広い自動車、世界最大の市場は中国

　最初に自動車業界を取り上げるのは、日本経済に占める割合が大きいためです。第1章の入門解説での上場企業の売上高ランキング表では首位と3位をトヨタ自動車、ホンダが占めましたが、より重要なのはその産業の「裾野」の広さです。日本自動車工業会によると、日本の2021年の就業人口の8.3％の552万人が自動車関連産業に就業しています。製造部門は部品・付属品を含め約90万人ですが、貨物・旅客の運送など利用部門が約272万人にものぼります。雇用の面からも重要な産業です。

　次に、世界の自動車産業の規模です。世界の自動車（新車）販売の台数は図表2-6のように中国が世界一です。中国の新車販売台数が米国を抜いたのは09年、中国の国内総生産（GDP）が日本のGDPを抜く1年前で

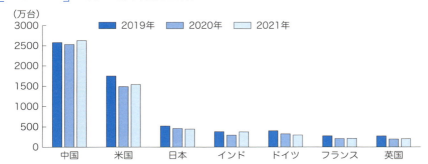

[図表2-6] 世界の新車販売台数

（資料）国際自動車工業連合会（OICA）

す。新興国のインドも大きく伸び、ドイツを抜き世界第4位の市場となりました。世界全体では20年はコロナ危機で日米欧をはじめ世界的には前年比2ケタの減少となりましたが、21年はやや回復し8300万台になりました。それでもコロナ前の19年の9100万台に比べ9%減です。

メーカー別の販売台数は19年まで独フォルクスワーゲン（VW）が首位でしたが、20〜21年とトヨタ自動車が首位に立っています（図表2-7）。トヨタ自動車は軽自動車が主力のダイハツ工業を完全子会社、商用車の日野自動車を子会社、SUBARU（スバル）を株式を約20%保有する持ち分法適用会社にしており、図表2-7の台数はスバルなどを含みます。6位の欧州のステランティスは、仏グループPSAと欧米フィアット・クライスラー・オートモービルズ（FCA）が統合して21年発足しました。

仏ルノー・日産自動車・三菱自動車は、ルノーが日産に43%、日産がルノーに15%、日産が三菱に34%を出資する関係にありましたが、23年1月、ルノーと日産の出資比率を相互に15%ずつにすることで合意しました。このほかトヨタは乗用車でスズキ、マツダと資本提携。商用車ではいすゞ自動車とも資本提携してトヨタ中心の技術開発会社を設立し、そこにスズキとダイハツも参加しています。

このような提携や協業が進んでいるのは、自動車の電動化に多額な投資

［図表2-7］ 世界の自動車メーカーのランキング

世界販売台数（2021年）

	社名・グループ名	（万台）
1	トヨタ自動車グループ	1,135
2	独フォルクスワーゲングループ（VW）	888
3	仏ルノー・日産・三菱自動車	777
4	韓国・現代自動車グループ	666
5	米ゼネラル・モーターズ（GM）	629
6	欧州・ステランティス	614
7	ホンダ	448
8	米フォード・モーター	394
9	旧独ダイムラー	278
10	スズキ	276

世界EV販売台数（2022年1〜6月）

	社名・グループ名	（万台）	前年同期比
1	米テスラ	56.4	1.5倍
2	中国・比亜迪（BYD）	32.4	3.5倍
3	中国・上海汽車集団	31.0	1.3倍
4	独フォルクスワーゲン	21.7	1.3倍
5	韓国・現代自動車グループ	16.9	2倍
6	仏ルノー・日産・三菱自動車	13.3	1.5倍
7	中国・浙江吉利控股集団	12.3	3.7倍
8	欧州・ステランティス	11.6	1.4倍
9	中国・奇瑞汽車	11.1	3.3倍
10	中国・広州汽車集団	10.0	2.3倍

（資料）各社発表などから日本経済新聞社。旧独ダイムラーは現メルセデス・ベンツグループと現ダイムラートラックホールディングスの合計。

が必要になるためですが、日本の自動車業界の電気自動車（EV）化は遅れています。図表2-7の右側は22年の上半期のみの世界のEV販売台数ランキングです。販売台数全体と比較するとまだ1ケタ違う規模ですが、首位の米テスラの販売台数は同じ期の日本のマツダやスバルを上回る規模になりました。一気に前年の3倍以上になった比亜迪（BYD）など中国勢が目立ちます。

　世界最大の市場である中国や欧州は2035年にガソリンのみで走る車の販売を禁止、日本は20年12月にまとめた脱炭素のグリーン成長戦略で、軽自動車を含めすべての新車を30年代半ばまでに「電動車」にする目標を掲げました。英国の調査会社の見通しでは、17年に85万台だった世界のEV新車販売台数は22年に約700万台、30年には約3500万台の規模になります。

EVシフト、トヨタは「2030年に年間350万台」

　その中で、世界最大の自動車メーカーであるトヨタ自動車も2021年12月、2030年のEVの世界販売目標を、従来の200万台（燃料電池車＝FCV含む）から一気に8割増の350万台に引き上げました。30年までに30車種でEVを投入し、特に高級車ブランド「レクサス」については同年までに欧州、北米、中国でEV比率を100％にするとしています。世界トップを争う独VWは30年に世界販売の5割をEV化すると発表、ホンダも40年に4輪車の新車すべてをEVとFCVにするなどと発表していましたが、トヨタもEV化を急加速します。

　世界第2の市場である米国でもバイデン政権のEV振興策に伴い流れが変わりました。ゼネラル・モーターズ（GM）が35年までに全乗用車をEVとFCVにすると発表するなどEV化が急速に進む見通しです。これに伴い販売台数の7割を米国市場で売る日本のスバルも22年5月、群馬県にEV工場を新設すると発表しました。トヨタや日産の工場がガソリン車などとの「混

国内大手3社の電動化目標（2023年1月時点）

トヨタ自動車	2030年に世界のEV販売を350万台に
ホンダ	40年までに新車販売全てをEVとFCVに
日産自動車	30年度までに新車販売の5割を電動車に

流」なのに対してスバルのこの工場は国内初の「EV専用」となり、国内の自動車産業の構造が大きく変わる転機になります。

米テスラ、「脱・売り切り」で利益率突出

　トヨタ自動車がEVを大幅に増やすとはいえ、世界の各地域のエネルギー事情に応じて燃費を改善したガソリン車やハイブリッド車（HV）も販売していくのと対照的に、米国のテスラはEV専業です。世界での販売台数はまだトヨタの10分の1ですが、投資家の評価を示す株式時価総額では2020年7月に自動車業界世界一だったトヨタを抜き、21年には一時、トヨタの4倍の水準になりました。

　テスラは1台当たりの利益が大きい高級車をネット直販で売る販売方法をとります。米国のほかEV需要が高まる中国にも生産拠点を構えます。すべてEVなので、排出枠取引をしている米国や中国、欧州で他社に温暖化ガスの排出枠を売却できるほか、車の制御ソフトなどをユーザーに提供して顧客から毎月、課金収入を得るビジネスも収益化しています。「オーバー・ジ・エア（OTA）」と呼ぶ技術で、車を買い替えなくても性能を最新の状態に保つことができます。いわゆる「脱・売り切り」のビジネスモデルで、1台当たりの純利益を突出して高めています。OTAについてはトヨタ自動車や日産自動車も21年度発売の車の一部から本格導入を始めました。

「車を造る」から「移動サービスを提供」へ

　EVシフトを含めて自動車の次世代技術やサービスの新たな潮流となっているのが「CASE」です。C（Connected＝つながる）、A（Autonomous＝自動運転）、S（SharingまたはShared＝共有）、E（Electricity＝電動化）の頭文字をとった造語です。4つの技術が完全に実用化されると、自動車は所有するものから共有（シェア）するものへシフトします。消費者が購入して維持費を負担するという考え方から、サービスとして使うという考え方です。日本では2018年にトヨタ自動車とソフトバンクが業務提携して共同出資会社「モネ・テクノロジーズ」を立ち上げ、新しい移動サービスの創出に乗り出しました。トヨタは自動運転などの技術を活用した

スマート都市の実証プロジェクト「ウーブン・シティ」を21年、静岡県
裾野市のグループ工場跡地に着工しました。

　自動車に限らず、移動手段を組み合わせたサービスを「モビリティー・
アズ・ア・サービス（MaaS）」と呼びます。前出のモネ社にはJR東日本
や東急電鉄など鉄道事業者なども参加しており、自動車はその移動手段の
1つになる位置付けです。

脱ガソリン、自動車産業の裾野に広く影響

　「脱ガソリン」は日米欧の既存の大手メーカー以外はほとんど参入でき
なかった自動車産業を根本から変える可能性があります。次の項目で取り
上げる電機産業で起きたのと同じ、コモディティー化です。

　ガソリン車の肝であるエンジンは、技術の蓄積がないメーカーには製造
が難しいものでしたが、EVは、電池とモーターとインバーターと呼ぶ変
換装置があれば、製品化は比較的容易です。ガソリン車は約3万点の部品
が必要とされますが、EV車はその半分以下とされ、電池やモーターなど
は別のメーカーから購入して組み立てることができます。自動車関連産業
が大きな転換を迫られる中で、独ボッシュや日本のデンソーなどメガサプ
ライヤーと呼ばれる巨大部品メーカーの力も強まっています。

⊕「新しい車の価値」問うソニー・ホンダ提携

　2022年の自動車業界で大きなニュースになったのが、ソニーグループとホンダ
のEV事業での提携です。折半出資した新会社ソニー・ホンダモビリティは同年10
月、25年から自動運転のEVの受注を始め、まず北米と日本で発売すると発表しま
した。「いままでの自動車のカテゴリーを超えた新しい価値を世の中に問う」（ホン
ダの三部敏宏社長）とし、自動運転のためのセンシング技術やOTAによるアップ
デート、さらに車内エンターテインメントの充実に、ソニーが技術とコンテンツを
提供します。

　異業種からの自動車業界参入については米アップルの参入がささやかれてきまし
た。携帯用音楽プレーヤーやスマートフォンではアップル、EVではテスラに主導
権を握られ続けてきた日本勢ですが、ソフトと自動車の量産技術を掛け合わせた新
しい事業モデルの成否に注目が集まっています。

電機・精密・電子部品

　電機は、自動車とともに日本の産業の2本柱といわれた業界です。かつては家電から発電設備など重電、半導体までフルラインでそろえた「総合電機」が日立製作所、東芝、三菱電機の3社。これにパナソニック、ソニー、シャープ、富士通、NECを加えた8社を電機大手と呼んできました。

📰 事業再編進む日立、総合電機から「デジタル会社」へ

　各社とも2000年代に主力だったテレビなど家電や半導体がいわゆるコモディティー化して、中国、韓国、台湾のメーカーに市場を奪われた後に、事業構成を大きく変えました。典型的なのが、最大手である日立製作所です。リーマン危機の影響で09年3月期、当時の日本の製造業として最悪の最終赤字を計上しましたが、そこから事業の選択と集中により「V字回復」と呼ばれる業績回復を果たしました。

　日立はかつて、さまざまな事業を抱え、日本経済の縮図ともいえることから、「GDP企業」と呼ばれ、多くのグループ会社を持つことが特徴でし

[図表2-8] 日立製作所とソニーグループの売上高構成

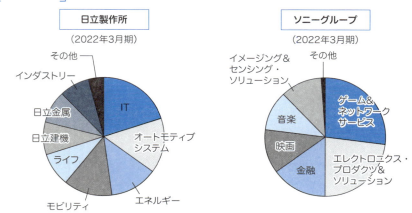

(資料) 各社決算資料

た。しかし、一連の事業再編の結果、09年に22社あった上場子会社は22年3月期には、日立金属と日立建機の2社に減少。この2社も23年3月期、日立金属は米ベインキャピタルなどの日米投資ファンド連合への売却を完了し、残る日立建機も51％出資してい

日立製作所の「選択と集中」

2016年	日立キャピタル株式の一部を売却
2017年	日立工機を売却
2020年	日立化成を売却
	日立ハイテクを完全子会社化
	スイス・ABBの送配電事業を買収
2021年	日立金属の売却を発表
	米グローバルロジックを買収
	仏タレスの鉄道信号事業買収を発表
2022年	日立建機株式の一部を売却

（資料）日本経済新聞、社名は当時

た持ち株の半分を伊藤忠商事と投資ファンドの日本産業パートナーズ（JIP）に売却しました。これにより日立の上場子会社はなくなりました。

　一方で、21年春にはIT企業の米グローバルロジックを約1兆円で買収しました。日立の事業は図表2-8のように分かれますが、最も大きいのはITで、総合電機から「デジタル会社」に変身しつつあります。

　あらゆるモノがネットでつながるIoTサービスの基盤「ルマーダ」がITの柱で、各部門のビジネスのデジタル化を進める横串となっています。買収した米グローバルロジックは欧米の金融、通信、自動車などに顧客基盤を持っており、ルマーダを基盤としたシステムや機器を海外に売り込む足掛かりとなります。

📰 ソニーグループは電機からエンタメ稼ぎ頭の複合企業に

　ソニーグループは2021年4月に「ソニー」から社名を変更しました。1958年に東京通信工業からソニーに社名を変更して以来です。祖業は「エレキ」と呼ぶエレクトロニクス部門ですが、同社もリーマン危機後にパソコン事業の売却やテレビ事業の分社化などを実施してきました。金融事業を手掛けてきた旧ソニーフィナンシャルグループも20年に完全子会社化し、ゲームのソニー・インタラクティブエンタテインメントなど主力事業の子会社がソニーグループにぶら下がる形になっています。事業構成は図表2-8の通りで、ゲームや映画、音楽などエンターテインメント事業

のほか、カメラやテレビなどエレキ事業も展開する複合企業になっています。22年3月期は営業利益が前の期比約26％増の1兆2023億円と、同社として初めて、国内製造業でもトヨタ自動車に次ぎ2社目の1兆円超えを実現しました。家庭用ゲーム機「プレイステーション」のソフトや音楽も含め、「継続課金」でもうけるリカーリング（継続的に稼げるビジネスモデル）が軌道に乗っており、22年1月に人気ソフト「デスティニー」シリーズを開発した米バンジーを約4100億円と、同社のゲーム事業では過

⊕ 半導体生産でTSMCが力、日本は「次世代」国産化へ新会社

半導体は1990年ころはNEC、東芝、日立、富士通、三菱電機、パナソニックの日本勢が世界シェアの過半を占めていました。現在は米インテルと韓国のサムスン電子、SKハイニックスが上位3社です。世界5位前後の米クアルコム、米ブロードコムや画像処理半導体（GPU）の米エヌビディアなどは設計に特化したファブレス企業で、各社から製造を受託するファウンドリーの代表格が台湾積体電路製造（TSMC）です。TSMCは半導体の能力を左右する微細化技術で先行しており、インテルやサムスンもファウンドリー事業に進出しました。スーパーコンピューターや高度な人工知能（AI）に使う次世代のロジック（演算）半導体の量産技術を持つのはTSMCとサムスン電子、やや遅れてインテルで、日本勢は大きく水をあけられています。

この次世代半導体の国産化を目指す新会社ラピダス（Rapidus ＝ラテン語で「速い」の意味）が2022年11月、トヨタ自動車、NTT、ソニーグループ、NEC、ソフトバンク、デンソー、キオクシアホールディングス、三菱UFJ銀行の8社が計73億円を出資して発足しました。27年に回路線幅2ナノメートル（ナノは10億分の1）の製品の量産を目指します。

この新会社には政府も700億円の補助金を出します。背景にあるのは米中対立で、現在、世界に供給される10ナノ未満の先端品の9割は台湾で生産されているといわれ、台湾有事の際に日本がこれまで通り半導体を確保できなくなる可能性が高くなります。米国も事情は同じで、日米は次世代半導体分野の研究開発で合意して研究を始めることになっており、ラピダスはその研究成果を量産につなげる役割を担います。

なお、日本で稼働するロジック半導体の製造ラインは最新でも40ナノ品で、熊本県菊陽町に誘致し24年から量産を始める予定のTSMCの工場では自動運転やセンサー向けの22〜28ナノ品の製造を計画しています。

去最高額で買収すると発表しました。

このほか同社はスマホカメラや自動運転向けの需要が伸びる画像センサー、CMOS（相補性金属酸化膜半導体）センサーで世界トップシェアを握っており、同センサー向けのロジック半導体を生産する工場を世界最大の半導体生産受託会社であるTSMCと共同で熊本県に新設。さらにホンダと組んで電気自動車（EV）に参入するなど、今後の成長の種となる事業への投資も積極的です。

家電などBtoC（消費者向けビジネス）の割合が大きかったパナソニックもプラズマテレビなど赤字事業からの撤退を進めた企業です。同社は22年4月に持ち株会社制へ移行、社名をパナソニックホールディングスに変更して8つの事業会社に再編。デジタルトランスフォーメーション（DX）支援事業の強化のため21年春、製造・流通業向けソフトウエアを手掛けるIT企業、米ブルーヨンダーを約8000億円で買収しました。

三菱電機はリーマン危機後に選択と集中をいち早く進めた企業です。FA（ファクトリーオートメーション＝工場自動化）と送変電設備など重電分野で安定して収益を稼ぐ体制を築いています。

富士通、NECも、半導体やパソコンなどの不採算部門を縮小する一方、ITサービスやクラウドなどDX支援の分野に力を入れてきました。高速通信規格「5G」の商用化で需要が高まる通信機器や人工知能（AI）も重点とする分野です。富士通は理化学研究所（理研）と共同で次世代スーパーコンピューター「富岳」を開発しました。また両社とも、次世代の高速計算機である量子コンピューターを手掛けています。

最後に、やはりリーマン危機後に事業再編を進めたものの、新たな事業の柱に据えたエネルギー部門で買収した米国の原子力企業、ウエスチングハウスが巨額の損失を出してつまずいた東芝です。白物家電やテレビの事業は中国企業に売却し、競争力があったNAND型フラッシュメモリー事業（現キオクシアホールディングス）も米投資ファンドなどに売却して経営再建を進めてきました。21年にグループ会社を分割して再編する案をまとめましたが22年3月の臨時株主総会で否決され、4月には再編案を公募しました。23年1月時点、優先交渉権を持つ国内投資ファンドが全株

式を買い取って非公開化する案が検討されています。

参入続く「医療」、キヤノンと富士フイルムが相次ぎM&A

　事業内容を大きく変えてきた点は、精密機器の業界も同様です。デジタルカメラはキヤノン、ニコンなど日本メーカーが市場をほぼ独占、複合機ではリコーやコニカミノルタも上位を占めますが、それぞれ今後の成長は望めない、いわゆる成熟市場です。

　成長を求めて各社が共通して参入している事業が医療・ヘルスケアです。東芝の医療機器事業を買収したキヤノンは、コンピューター断層撮影装置（CT）や磁気共鳴画像装置（MRI）などに注力し、治療機器や再生医療への進出にも意欲的です。2015年にスウェーデンの大手を買収した監視カメラを含めた新規事業の割合は22年12月期に27％でしたが、25年12月期に36％に引き上げることを目標にしています。

　再生医療にいち早く進出したのが、富士フイルムホールディングスです。iPS細胞（induced Pluripotent Stem cell＝人工多能性幹細胞）の培養・販売などを担う米企業などを相次ぎ買収し、実用化に取り組んでいます。20年には日立製作所の医療機器事業を買収しました。ヘルスケア事業の

[図表2-9] キヤノンと富士フイルムホールディングスの売上高構成

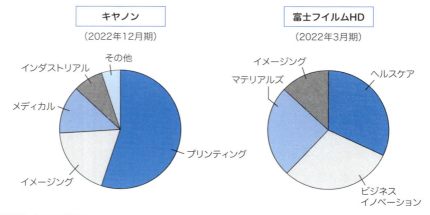

（資料）各社決算資料

売上高が約3分の1（図表2-9）になっています。

同社は 2000年代前半にデジタルカメラの普及で本業（写真フィルム）の市場が消失する動きに対応し、06年に富士写真フイルムだった旧社名から「写真」の文字を取るなど、事業構成の見直しをいち早く進めた企業として知られます。

このほかオリンパスは内視鏡など主力の医療機器に経営資源を集中する一方、デジタルカメラなどの映像事業を売却しました。

電子部品、自動車のEV化で好調

電子部品は、電子機器に搭載されるコンデンサーやコイル、スイッチやコネクターなどの部品の総称です。産業のコメと呼ばれる半導体（メモリー）では米韓勢が圧倒的なシェアを占めますが、電子部品は日本メーカーが世界シェアの約4割を占めるといわれます。いずれも京都に本社を置く京セラ、ニデック（2023年4月に日本電産から社名変更）、村田製作所、オムロン、ロームのほか、TDK、アルプスアルパインなどが主なメーカーです。

各社の成長を支えたのは高機能化が進むスマホですが、その成長には陰りが見え、特にアップルのiPhoneの売れ行きに業績が左右されがちでした。スマホに代わって需要が急拡大してきたのが、EVシフトや自動化、コネクテッド化が進む自動車向けの電子部品です。特に積層セラミックコンデンサー（MLCC）は、5Gなど高機能スマホだけでなく、自動車の電動化にも不可欠な部品であり、主力メーカーである村田製作所、太陽誘電などの好業績を支えています。

EV化で電池とともに不可欠なのが、エンジンに代わる動力となるモーターです。モーター世界大手のニデックは、モーターとインバーター、減速機で構成する駆動装置「イーアクスル」の量産を始めました。EVが急速に普及する中国と欧州に工場を構え、30年度に連結売上高10兆円を目指す同社の成長の鍵を握る事業となります。

通信・ネットビジネス

携帯に「第4のキャリア」、料金値下げ競争が激化

スマートフォンは生活に欠かせない道具であり、ネットビジネスの入り口です。その基盤となる通信サービスを提供する各社は急成長しました。高速通信規格「5G」も2022年、本格的な普及期に入りました。第1章入門解説の上場企業の営業利益ランキング上位に大手各社が並ぶように、利益率の高い業界でもあります。

大手3社は携帯電話の「通信キャリア」と呼ばれます。自社の設備で音声やデータを「運ぶ」という意味です。長らく3社独占の体制が続いてきましたが、2017年に楽天グループが通信キャリアへの参入を表明。20年4月に「第4のキャリア」として「月額2980円（税別）」の低価格でサービスを開始しました。同社の参入は、日本の携帯電話料金は国際的に見て割高だとして総務省がキャリア間の乗り換え競争などを促してきた流れに沿っています。NTTドコモの「アハモ」など各社が割安な料金プランを開始して値下げ競争が活発化しており、各社の個人向け通信の収入は減少しています。

[図表2-10] 通信キャリア各社を巡る関係

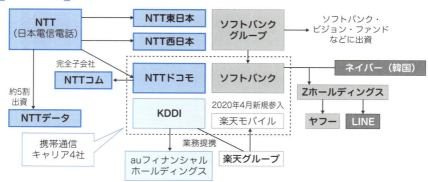

（2023年1月時点、中間持ち株会社などを通じた出資関係は省略）

📰 NTTグループの再編、完全子会社のドコモは法人向け強化

　人口減少の中で通信事業の本体は頭打ちになる一方、電子商取引（EC）などの市場は急拡大しているため、各社とも「非通信」の売り上げ拡大に努めてきました。ソフトバンクが2019年にヤフー（現Zホールディングス）を子会社化したり、KDDIが完全子会社のauフィナンシャルホールディングスを通じて銀行など金融業務を手掛けたりしたのもその流れです。

　最大手のNTTドコモはその流れに遅れて、シェアは首位ながら営業利益では3番手に後退し、NTTはそれまで66％出資だったNTTドコモに100％出資し、完全子会社化しました。22年1月にはそれまでNTT本体が100％出資していた長距離通信のNTTコミュニケーションズ（NTTコム）をドコモの完全子会社に、システム開発のNTTコムウェアもドコモの子会社とするグループ再編を実施しました。法人向け事業の強化が目的です。

　NTTグループは次世代通信規格「6G」をにらんだ国際競争への備えも課題としており、消費電力を大幅に減らす独自の光通信技術を使う次世代通信基盤「IOWN（アイオン）」などの開発などに取り組んでいます。

📰 ヤフー・LINEが統合、動画配信も伸びる

　ネットビジネスではソフトバンクグループのZホールディングス（ZHD）傘下のヤフーと無料対話アプリを運営し幅広いサービスを展開するLINEが2021年3月、経営統合しました。海外の巨大プラットフォーマーへの対抗軸を目指しましたが、目立った統合効果が出ず、ZHDは23年度中をめどに同社とヤフー、LINEの3社を合併する方針を示しています。

　Zホールディングスはファッション通販のZOZO、オフィス用品通販のアスクルなどを相次ぎ買収してきました。LINEも8000万人を超す顧客基盤を持っています。ヤフーが19年に開設したネット通販サイト「ペイペイモール」も楽天グループの「楽天市場」を追い上げています。

　最近、市場が急拡大したのが定額制の動画配信です。国内では「ネットフリックス」「アマゾンプライム・ビデオ」が1〜2位。日本勢でUSEN-NEXT HOLDINGSの「U-NEXT」が両社に次ぎます。

金融

低金利が経営を圧迫、デジタル化で店舗削減一段と

　銀行は預金者から預かった預金を、企業や家計に貸し出したり、金融市場で運用したりすることで、事業会社の売上高にあたる経常収益を上げます。営業利益にあたる、「本業」で稼いだ利益を業務純益といいます。この本業の利益を左右するのが利ザヤです。第1章の入門解説でも取り上げた、マイナス金利政策による低金利は銀行経営を圧迫してきました。

　図表2-11は各業態の貸出金利の推移です。この20年間、概ね低下が続いています。預貸金利ザヤ（貸出金利－預金金利）はほぼ一貫して低下してきましたが、2023年は日本の金融政策の見直しにより、やや改善すると見込まれます。これが日本の銀行経営の基本的な環境です。

　業界の基本的な知識を整理しておくと、まずメガバンクとして、三菱UFJフィナンシャル・グループ（MUFG）、みずほフィナンシャルグループ（みずほFG）、三井住友フィナンシャルグループ（三井住友FG）の3グループがあります。このメガバンクに、りそなホールディングス、三井

[図表2-11] 貸出約定金利の推移（新規総合、各年の3月）

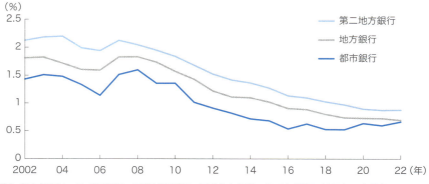

（注）都市銀行は、みずほ銀行、三菱UFJ銀行、三井住友銀行、りそな銀行、埼玉りそな銀行
（資料）日銀

住友トラスト・ホールディングスを加えて大手銀行5グループと呼びます。さらに地方銀行、旧相互銀行を前身とする第二地方銀行が合わせて約100行。旧長期信用銀行をそれぞれ前身としたSBI新生銀行、あおぞら銀行のほか、流通業界から参入したセブン銀行、イオン銀行などがあります。信用金庫、信用組合、農業協同組合のJAバンクなどの協同組織金融機関には、系統金融機関と呼ばれる信金中央金庫、農林中央金庫などの中央組織があります。このほか2015年に株式を上場した、ゆうちょ銀行の貯金量は日本最大で、190兆円を超えます。

　3メガバンクの現在の体制の先駆けとなった、当時の第一勧業、富士、日本興業の3行統合から20年あまりが過ぎました。収益構造は大きく変わっており、国内の「銀行」で稼ぐ分より、証券、信託、海外で稼ぐ利益が大きくなっています。デジタル化に伴い国内業務の合理化を進めており、店舗の削減や対面サービスならではの機能に絞った軽量店舗化が急速に進んでいます。

　海外業務ではアジアの強化が目立ちます。MUFGは米国で、前身の東

⊕ メガバンク誕生の歴史と証券業界

　日本の「3メガバンク」は2000年代に、当時あった都市銀行、信託銀行、長期信用銀行の相次ぐ再編で誕生しました。01年に東京三菱、三菱信託、日本信託の3行が統合して三菱東京フィナンシャル・グループが発足する一方、三和、東海、東洋信託の3行が統合してUFJホールディングスを設立。両者は05年に合併し、現在のMUFGになりました。みずほFGは、1999年に経営統合を発表した第一勧業、富士、日本興業の3行が、持ち株会社設立や02年の再編・統合を経て発足（みずほFG設立は03年）。当初は傘下にみずほ銀行とみずほコーポレート銀行の2行を持つ体制でしたが、13年に両行が合併し、現在のみずほ銀行となっています。三井住友FGは01年にさくら銀行と住友銀行が合併して三井住友銀行を発足（三井住友FG設立は02年）しました。

　3メガバンクは傘下に証券会社なども収めた総合金融グループです。証券業界は最大手の野村ホールディングス、2番手の大和証券グループ本社に加え、三井住友グループのSMBC日興証券、みずほグループのみずほ証券、三菱UFJグループの三菱UFJ証券ホールディングスが「大手5社」と呼ばれます。準大手で岡三証券グループ、東海東京フィナンシャル・ホールディングスが続きます。

京銀行と三菱銀行がそれぞれ買収した銀行を源流とするMUFGユニオンバンクを米最大手地銀、USバンコープに売却しました。米国での中小企業・個人向けのビジネスからは手を引き資本効率の高い大企業中心の法人取引に特化する一方、東南アジアでは中小企業・個人向けビジネスを強化。22年には傘下のタイのアユタヤ銀行を通じてインドネシアとフィリピンのノンバンクを買収しました。MUFGはシンガポールに本社を置く配車アプリのグラブに出資しているほか、三井住友、みずほも、今後の成長が見込める東南アジアのデジタルバンク事業への出資を強化しています。

⊕ 生損保業界と信託銀行

　生命保険業界は個人や企業から集めた保険料を国債、株式、外債などで運用しており、機関投資家と呼ばれます。日本生命がガリバー的存在で、第一生命ホールディングス、明治安田生命、住友生命が日生に次ぐ大手3社です。株式を上場しているのは大手では第一生命HDだけで、他の3社は相互会社という形態です。準大手では太陽生命と大同生命を傘下に持つT&Dホールディングスが上場会社です。かんぽ生命は全国の郵便局を代理店とし、ゆうちょ銀行とともに株式を上場しています。損害保険業界は東京海上ホールディングス、MS&ADインシュアランスグループホールディングス、SOMPOホールディングスが3大グループです。

　信託銀行は機関投資家などの多額の資金を管理します。株主名簿の管理などにあたる「証券代行」も最近伸びているビジネスです。3メガバンクはそれぞれ傘下に信託銀行を持ちますが、三井住友FG傘下にあるのはSMBC信託銀行で、三井住友トラストHD傘下の三井住友信託銀行は3メガから距離を置いた存在です。

📰 政府・日銀が統合・再編後押し、規制緩和で異業種参入も

　地方銀行・第二地方銀行（総称して地域銀行）は事業会社の粗利にあたる業務粗利益の大半を金利収入が占める構造で、超低利の金融環境による影響をより大きく受けてきました。また、第二地方銀行は1990年度末の68行からこの30年でほぼ半減しましたが、地方銀行は2020年10月の長崎県の十八銀行と親和銀行の合併、21年4月の新潟県の第四銀行と北越銀行の合併で62行になるまで、全国64行体制が続きました。

その中で20年秋以降、統合や再編の機運が盛り上がりました。日銀は経営統合に取り組んだ地域銀行には日銀に預ける当座預金の金利を上乗せする枠組み、金融庁はコンピューターシステムの統合にかかる費用の一部を補助する制度を設けました。また、同じ県内の銀行の合併によりシェアが高くなっても独占禁止法の適用除外とする特例法が成立し、20年11月から施行されました。

この特例法の成立前は、長崎県首位の十八銀行と2位の親和銀行の合併計画（現十八親和銀行）の合意から実現まで4年かかるなどしていましたが、22年9月には長野県首位の八十二銀行が同2位の長野銀行と合併することで基本合意（これにより長野県を本拠にする地域銀行は1行に）するなどの動きが出ています。

地域銀行はこれまで収益が見込める外国有価証券の運用を増やしてきましたが、米金利の上昇（債券価格は低下）により保有する債券が含み損に転落する銀行が増えており、長野銀行もその1つでした。この要因も地銀再編を後押しすると見られます。

地域銀行を巡るもう1つ重要な動きが、従来の「金融」の枠を超えたビジネスの展開に道が開かれたことです。21年11月に施行された改正銀行法では、広告、人材派遣、システム販売などへの参入が解禁されたほか、金融庁から「銀行業高度化等会社」の認可を受ければ、事実上制限なく幅広い事業を営む子会社を持てるようになりました。従来は「地域商社」かフィンテック企業に限られていました。これを受けてさまざまな事業を営む子会社を傘下に置く持ち株会社化する銀行が増えています。

⊕ 銀行でも「キャッシュレス決済」

スマートフォンを通じた個人間の少額送金サービスが銀行でも始まりました。大手銀行や地銀など約40の金融機関が参加して2022年10月にスタートした少額送金基盤「ことら」で、相手の口座番号を知らなくても、携帯電話番号を使って無料もしくは安く送金できるようになります。これまで収入源だった決済・送金手数料が稼げなくなりますが、PayPayやLINEペイでは1円単位で無料送金でき銀行離れにつながっていたことや、現金を扱うコストの削減効果が大きいことが背景にあります。

小売り・商社

コロナ禍から復調、セブン＆アイは海外買収効果で首位に

　小売業はコロナ禍で落ち込んだ2020年度からやや復調しましたが、食品や光熱費の値上がりによる消費者の買い控え懸念や物流費高騰によるコスト上昇などから、厳しい経営環境が続きます。さまざまな業態を概観するため、日本経済新聞社が毎年まとめている「小売業調査」の21年度売上高ランキング（図表2-12）で見ていきます。

　総売上高（収益認識基準を合わせた比較可能な379社）の伸び率は前回（20年度）調査比8.6％増と、0.9％減だった前年度からは回復しました。企業別ではセブン＆アイ・ホールディングスが10年度調査以来、11年ぶりに首位に立ちました。21年5月に米コンビニ「スピードウェイ」を買収して売上高が一気に約5割増となったことによります。

　3位のアマゾンジャパン、4位のファーストリテイリングは変わらず、5位には「MEGAドン・キホーテ」など大型店への転換を進めるパン・パシフィック・インターナショナルホールディングスが6位から順位を上げました。ホームセンターの島忠を買収したニトリホールディングスは16位から9位に、旧マツモトキヨシホールディングスと旧ココカラファインが経営統合したマツキヨココカラ＆カンパニーが24位から15位にそれぞれ上がっています。

　業態として最も売上高の規模が大きいのはスーパーです。食品、衣料品、日用品を大量に販売する総合スーパー（GMS）を都市郊外の大型ショッピングセンターのキーテナントとして全国展開するイオンと、セブン＆アイ傘下のイトーヨーカ堂が2強ですが、専門店に押され、伸び悩んでいます。一方で食品中心のスーパーは伸びており、このランキングでもライフコーポレーションが12位から10位に、埼玉県中心のヤオコー、神奈川県が地盤のオーケーも順位を上げています。北海道から東北へ南下戦略をとるアークスも23位に入っています。スーパーは他店やドラッグスト

[図表2-12] 日本の小売業売上高ランキング上位30社
（2021年度、日本経済新聞社調べ）

順位	前年	社名	（百万円）	前年度比増減率（%）
1	2	セブン＆アイ・ホールディングス	8,749,752	51.7
2	1	イオン	8,715,957	1.3
3	3	アマゾンジャパン*	2,533,196	15.9
4	4	ファーストリテイリング*	2,132,992	6.2
5	6	パン・パシフィック・インターナショナルホールディングス	1,708,635	1.6
6	5	ヤマダホールディングス*	1,619,379	—
7	8	ツルハホールディングス	919,303	9.3
8	7	ビックカメラ	834,060	▲1.6
9	16	ニトリホールディングス	811,581	13.2
10	12	ライフコーポレーション	768,335	1.2
11	18	高島屋	761,124	11.8
12	14	ヨドバシカメラ	753,028	2.9
13	10	ケーズホールディングス*	747,219	—
14	15	バローホールディングス*	732,519	—
15	24	マツキヨココカラ＆カンパニー*	729,969	34.0
16	17	コスモス薬品	726,424	6.1
17	11	エディオン*	713,768	—
18	20	ローソン	698,371	4.9
19	19	イズミ	676,800	▲0.4
20	21	サンドラッグ*	648,734	—
21	22	スギホールディングス	625,477	3.8
22	25	しまむら	583,618	7.6
23	23	アークス	577,568	3.7
24	27	ノジマ*	564,989	—
25	26	大創産業	549,300	4.4
26	29	ヤオコー*	536,025	5.5
27	28	オーケー	524,959	3.2
28	13	エイチ・ツー・オー　リテイリング*	518,447	—
29	30	カインズ	482,678	▲0.6
30	—	良品計画	452,335	—

（注）各社の2021年度（21年5月から22年4月までに期末を迎えた決算）。＊は売上高に関する新しい会計ルール（収益認識基準、21年4月以降に始まる事業年度から非上場の中小企業を除き全面適用）を適用した企業で、特に百貨店などで大幅に売上高が減っているケースがある。前年比増減率の「—」は、新収益認識基準などで前年度と比較できない企業。
（資料）2022年7月27日付日経MJ（流通新聞）から作成

アとの価格競争のほか、ネットスーパー事業への投資などの課題を抱えます。ライフコーポレーションはアマゾンジャパンと提携しています。

🗞 コンビニは成長頭打ち、PBなどの商品力強化

スーパーに次ぐ規模の業態がコンビニですが、国内総店舗数は6万店に迫り、新規出店による成長は頭打ちです。コンビニはセブン＆アイ傘下のセブン‐イレブン・ジャパンとファミリーマート、ローソンの3社で9割以上の売上高シェアを占めます。店舗数で見るとセブンイレブンは2万1000店以上を展開。ファミリーマートは店舗数で長らく3番手でしたが、2016年にユニーと経営統合した際、サークルKサンクスを傘下に収めたことでローソンを抜きました。ファミリーマートは20年に伊藤忠商事の完全子会社になりました。ローソンも17年に三菱商事が子会社化するなど、商社との関係が深い業界です。

コンビニはフランチャイズシステムをとるため、前のページのランキング表での売上高はチェーン本部の売上高（直営店売上高＋ロイヤルティー収入など）です。チェーン加盟店の売上高を加えたコンビニ全体の売上高は、日本経済新聞社が毎年実施している「コンビニ調査」で21年度、11兆3271億円と前年度比2.1％増でした。初めて前年割れした20年度からは回復したものの、コロナ前の19年度比では3.9％減です。コロナ禍でスーパーやドラッグストアなどに客が流れた結果です。

このため各社ともPBなどの商品力を強化しています。セブンはPB商品「セブンプレミアム」のテコ入れを図るほか、100円ショップ「ダイソー」の商品を展開。ファミリーマートはイメージカラーである青と緑のラインをあしらった靴下などPB衣料を強化しています。ローソンは食品では店内調理した総菜の提供を拡大しているほか、「無印良品」の衣料品や化粧品の取り扱い店を増やしています。

🗞 長期低落の百貨店、そごう・西武は米投資ファンドに売却

コロナ禍で売上高が一段と落ち込んだ百貨店ですが、海外ブランド品など富裕層向けの高額商品は堅調です。インバウンド（訪日外国人）消費も

戻り始めていますが、長期低落傾向は変わらず、業態転換や再編の動きが改めて見られます。2021年の百貨店業界全体の売上高は4兆4182億円と、ピークだった1991年の半分以下に落ち込んでいます。

象徴的なのが、22年11月に発表された、セブン＆アイ・ホールディングスの百貨店子会社そごう・西武の、米投資ファンドのフォートレス・インベストメント・グループへの売却です。家電量販店大手のヨドバシホールディングスがそごう・西武の一部店舗の不動産を取得して出店すると見られます。セブン＆アイは06年に当時のミレニアムリテイリング（現そごう・西武）を傘下に入れ、コンビニ、スーパーから百貨店までそろえる総合小売り戦略をとってきましたが、今回の売却により「脱・総合小売り」を加速し、コンビニを軸とした成長戦略への事業絞り込みを進めます。

📰 家電は新市場開拓、SPAは物流デジタル・自動化を急ぐ

そごう・西武に出店すると見られるヨドバシは家電量販店業界でヤマダホールディングス、ビックカメラに次ぐ規模です。首位のヤマダや、北関東・東北を地盤に全国展開するケーズホールディングスなどが郊外ロードサイド中心に出店してきたのに対し、ヨドバシやビックは大都市の主要駅前に展開し、「駅前カメラ系」とも呼ばれます。コロナ禍での巣ごもり需要で売り上げを伸ばしましたが、長期的には人口減少により大きな市場拡大は見込めません。ヤマダは22年、木造住宅のヒノキヤグループを完全子会社化、大塚家具を吸収合併するなど「非家電」部門を強化しています。エディオンはニトリホールディングスと資本業務提携し、ニトリ商品をエディオンで扱い始めました。

このほか専門店では、衣料品の「ユニクロ」「ジーユー」を展開するファーストリテイリングと、家具・日用品のニトリは、自ら商品を企画・製造する製造小売業（SPA）の代表的企業です。物流のデジタル化なども自前で手掛けます。ファーストリテイリングは商品のピッキングや入出荷を自動化した最新鋭の自動倉庫を日本国内に続いて米国、欧州、オーストラリア、中国で稼働させ始めました。電子商取引（EC）への対応のほか、世界的な物流関連の人手不足も背景にあります。

📰 総合商社、「非資源」に加え、再生エネへの投資に注力

　最後に、以上見てきた小売業とは別の業界ですが、コンビニの項にも登場した総合商社について補足します。総合商社は、三菱商事、三井物産、住友商事のいわゆる旧財閥系3社に、伊藤忠商事、丸紅を加えて大手5社。さらにトヨタ自動車系の豊田通商と、双日を加えて大手7社といいます。商社というと海外との貿易のイメージが強いのですが、最近は川上から川下まで、多くの事業への投資で収益を上げる、「投資会社」の要素が強まっています。海外にはない、日本独特の業態といわれます。

　その投資先は、鉄鉱石や石炭、LNG、銅など資源が中心でしたが、資源事業は市況に大きく左右されます。資源価格が軒並み上昇した2021〜22年は資源部門の収益が拡大しましたが、「脱炭素」の大きな流れから、各社とも再生可能エネルギーへの投資に大きくカジを切っています。

　例えば三菱商事はオランダで電力小売りや洋上風力発電のノウハウを持つエネコ社を買収し、欧州と日本で米アマゾン・ドット・コムに再生エネ電力を供給するなどの事業を展開。25年3月期までの3年で3兆円規模を投資する中期経営戦略の中で1.2兆円をEX（エネルギートランスフォーメーション）に投資する計画です。

　各社の特徴を見ると、ファミリーマートを完全子会社化した伊藤忠商事は資源ビジネスの割合が低く、生活関連消費など「非資源」で稼ぐ事業構造です。業界トップの三菱商事もローソンを子会社化したほか、食品卸首位の三菱食品を傘下に置きます。三井物産ではアジアでのヘルスケア事業も重点を置く分野です。総合商社の投資先は多岐にわたりますが、時代に応じて扱う商品やサービスを変えてきました。脱炭素が課題となるエネルギー・発電、DX、医療など、日本経済・産業界が共通の課題とする分野への投資が増えると見られています。

　以上が「経営環境」「企業戦略」に関するポイントを絞り込んだ入門知識です。解説しきれなかった重要な動きやキーワードについては、以下の練習問題の解説でも補足します。

Q21 以下の米国の経済統計の中で、前月のデータがいち早く公表され、米連邦準備理事会（FRB）の金融政策の決定に最も影響するのはどれか。

❶ 国内総生産（GDP）

❷ 貿易収支

❸ 小売売上高

❹ 雇用統計

Q22 「GAFAM」と呼ばれる米国のIT大手5社の中で、2022年末の株式時価総額が最も大きかった企業（ A ）と最も小さかった企業（ B ）の組み合わせはどれか。メタ・プラットフォームズは旧フェイスブック、アルファベットはグーグルの親会社。

❶ A＝アマゾン・ドット・コム　　B＝マイクロソフト

❷ A＝アップル　　B＝メタ・プラットフォームズ

❸ A＝マイクロソフト　　B＝アルファベット

❹ A＝アルファベット　　B＝メタ・プラットフォームズ

A 21 = ④

KEYWORD 米雇用統計

雇　用統計は原則として毎月第1金曜日に前月の数字が発表される、速報性の高い指標です。中でも注目されるのは「非農業部門の雇用者数」の増減で、事業所の給与支払い帳簿を基に、前月と比べた増減数を発表します。金融政策で各国の中央銀行が最も重視する指標は消費者物価ですが、FRBは物価の安定とともに「雇用の最大化」を重視する、「デュアルマンデート（2つの責務）」を負っています。雇用者の数は同時に発表される完全失業率よりも早く雇用動向を映すとされます。

雇用者数が増えると労働需給が締まり、賃金が上昇。米国の国内総生産（GDP）の7割を占める個人消費を刺激し、小売売上高が増え、GDPの増加につながります。また、製品の輸入が増え、貿易収支にも影響します。雇用統計は米国経済全体の先行指標ともいえます。

A 22 = ②

KEYWORD GAFAM

ア　ップルは2022年1月に世界の上場企業として初めて株式時価総額3兆ドル超えを実現しました。同年は一時、世界首位の座をサウジアラビアの国営石油企業サウジアラムコに譲りましたが、米社の中では首位を保ちました。以下、マイクロソフト、アルファベット、アマゾンと続くのが最近の定位置ですが、GAFAM5社の時価総額合計は21年末に比べ大きく下落しました。その中でも収益源であるネット広告が不振のメタ・プラットフォームズは21年末の7位から22年末は25位に大きく順位を落としました。

2022年末の株式時価総額上位10社

①	アップル
②	サウジアラムコ
③	マイクロソフト
④	アルファベット
⑤	アマゾン・ドット・コム
⑥	バークシャー・ハザウェイ
⑦	ユナイテッド・ヘルス・グループ
⑧	ジョンソン・エンド・ジョンソン
⑨	エクソンモービル
⑩	テンセント

Q23 中国は2022年10月に開いた5年に1度の共産党大会で習近平氏を総書記に再々選出し、習政権は異例の3期目に入った。同政権の特徴として、正しいのはどれか。

❶ ポスト習体制をにらんだ集団指導体制を敷いた。

❷ 経済成長率の目標を再び引き上げ、年8%にした。

❸ 不動産部門の過剰債務問題の解決を宣言した。

❹ 格差をなくす「共同富裕」を経済発展モデルの柱の1つに据えた。

Q24 以下の中国企業の中で、深圳に本社を置き、同国の中堅自動車メーカーと電気自動車（EV）の独自ブランドを立ち上げた企業はどれか。

❶ 百度（バイドゥ）

❷ 騰訊控股（テンセント）

❸ 小米（シャオミ）

❹ 華為技術（ファーウェイ）

A 23 = ❹

KEYWORD 共同富裕

共同富裕は税や社会保障を通じた分配の強化で低所得者の収入を底上げする政策で、「社会主義現代化強国」と呼ぶ習政権が掲げる経済発展モデルの柱の1つに据えられています。改革開放による経済成長第一の従来の政策からは大きな転換です。成長第一の象徴だった経済成長率の目標も明示していません。不動産バブル問題をどう軟着陸させるかはいぜん大きな課題で解決していません。

中国共産党では総書記を含む7人の政治局常務委員（チャイナセブン）がトップであることは入門解説でも触れましたが、ナンバー2だった李克強氏（首相）が退く一方、後任首相の李強氏を含めて「習派」がチャイナセブンを固め、最近の中国の政権の特徴だった「集団指導体制」は名実ともに終わった、と指摘されています。

A 24 = ❹

KEYWORD *チャイナテック*

チャイナテックとも呼ばれるのが選択肢の各社で、アリババ集団を入れてシャオミを除き「BATH」などとも呼びます。中国経済の急成長をけん引してきましたが、ゲームアプリなどに対する中国当局の統制、米国の経済制裁などで成長が鈍っていることは入門解説でも触れました。その中で電気自動車（EV）は新たな活路であり、既存の通信事業に代わり自動車部品事業を新たな柱にしようとしているのがファーウェイです。EVの独自ブランドは立ち上げたものの自らは車を造らず、日本のデンソーやドイツのボッシュのような巨大部品メーカーを目指すとしています。

バイドゥも完全自動運転タクシーなどを手掛けますが、本社（本部）は北京です（シャオミも）。深圳に本社を置くのはファーウェイとテンセント。アリババ集団は杭州に本社を置きます。

Q25 以下の東南アジア諸国連合（ASEAN）の国々の中で、1人当たり国内総生産（GDP）が大きい順に並んでいるのはどれか。首位はシンガポール、2021年時点。

❶ マレーシア　タイ　インドネシア　ベトナム

❷ タイ　マレーシア　インドネシア　ベトナム

❸ マレーシア　インドネシア　タイ　ベトナム

❹ タイ　マレーシア　ベトナム　インドネシア

Q26 以下のアジアの企業の中で、「財閥系」でないのはどれか。

❶ SKハイニックス（韓国）

❷ アヤラ・コーポレーション（フィリピン）

❸ ゴジェック（インドネシア）

❹ タタ・コンサルタンシー・サービシズ（インド）

A 25 = ❶

KEYWORD **ASEAN5**

1 人当たりGDPは国民の豊かさを示す指標です。入門解説の図表2-4で各国の金額を示しました。2021年時点でシンガポールが7万ドルを超え群を抜き、ブルネイをはさんでそれに次ぐのがマレーシアで、約1万1300ドルです。この1万ドルは「中所得国」の目安とされますが、そこから従来の成長モデルを転換できず成長率が足踏みする「中進国の罠」と呼ばれる傾向があります。続いて自動車メーカーなど多くの日本企業が進出するタイの約7200ドル、経済規模では最大の人口大国インドネシアは約4300ドルです。

「チャイナプラスワン」として成長するベトナムは約3700ドルです。以上の選択肢にある4カ国にフィリピン（約3500ドル）を加えた5カ国の人口はASEANの約9割を占め、「ASEAN5」とも呼ばれます。

A 26 = ❸

KEYWORD **アジアの財閥系企業**

財 閥とは、創業一族が支配する複合企業グループのことです。SKはサムスン、現代、LG、ロッテとともに韓国5大財閥の1つ。アヤラは不動産と銀行を2本柱に通信や発電も手掛ける複合財閥企業です。タタ・コンサルタンシー・サービシズはインドの上場企業の時価総額首位に立ったこともある世界のITサービス大手で、タタ財閥の中核企業。同社にリライアンスとビルラを加えたのがインド3大財閥です。

財閥系でないのはゴジェック。配車アプリなどを手掛けるスタートアップ企業で、2021年にやはり同国のネット通販スタートアップのトコペディアと経営統合してGoTo（ゴートゥー）を設立し、22年4月にインドネシア証券取引所に上場した同社の傘下企業となっています。インドネシアであればサリム・グループが同国最大の財閥です。

Q27 東アジアの地域的な包括的経済連携（RCEP）について、正しい説明はどれか。2023年1月時点。

❶ 関税撤廃目標は環太平洋経済連携協定（TPP）より高い。

❷ インドも含めたアジアの主要国がすべて参加している。

❸ 国内総生産（GDP）と人口の合計でTPPを上回る。

❹ アジア以外から英国の加盟申請を審査・交渉中である。

Q28 欧州連合（EU）について、正しい説明はどれか。

❶ 加盟国すべてが共通通貨「ユーロ」を使用する。

❷ 財政政策では各国が主権を持っている。

❸ 個人情報保護のルールなどはEU規則より各国国内法が優先する。

❹ 各国とも脱・原子力発電を共通目標にしている。

A 27 = ❸

KEYWORD メガFTA

メガFTAと呼ばれる多国間の経済連携の中で、2022年1月に発効したRCEPには中国が参加しており、人口の合計は15カ国の約23億人、GDPで世界の約3割をカバーする世界最大の枠組みです。交渉には参加していたインドが参加を見送ったものの、参加国の規模ではTPP（11カ国で人口5億人、世界のGDPの1割程度）を大きく上回ります。ただしTPPはRCEPより関税撤廃度が高いほか、知的財産権の保護などのルールも厳格なのが特徴です。TPPには21年9月、台湾が加盟申請に動く中で、中国も加盟を申請しましたが、中国にとっては、この厳格なルールがハードルになると見られ、審査は始まっていません。

TPPには、EUから脱退した英国が21年に加盟を申請して交渉が始まり、早期加盟実現に動いています。

A 28 = ❷

KEYWORD EU

EUは経済面では加盟国が経済・通貨を統合して「単一市場」を形成するのが最大の特徴ですが、例外として通貨統合に参加していない国もあり、経済規模が大きな国ではスウェーデンとデンマークはユーロを使わず、独自の通貨と中央銀行を持ちます。個人情報保護のルールとしてEU域外の国々のビジネスに大きく関連する一般データ保護規則（GDPR）などの「EU規則」は各国の国内法に優先するルールです。しかし、「財政」に関しては財政赤字のGDP比などである程度の「規律」は求めるものの、各国が主権を持っており、この選択肢が正解です。

エネルギー政策の中で原子力発電所に関しては、フランスが原発への依存を高める一方、ドイツはメルケル前政権時に原発ゼロを決めるなど、原発に対するスタンスは異なっています。

世界の原油生産量の上位国を10年前と比較した。A〜Cに当てはまる国の組み合わせはどれか。英BP統計。

(万バレル/日)

2011年	
サウジアラビア	1,108
（ A ）	1,053
（ B ）	789
イラン	445
中国	407
（ C ）	352

2021年	
（ B ）	1,659
サウジアラビア	1,095
（ A ）	1,094
（ C ）	543
イラク	410
中国	399

❶ A＝米国　　B＝ロシア　　C＝アラブ首長国連邦（UAE）

❷ A＝ロシア　　B＝米国　　C＝カナダ

❸ A＝米国　　B＝ロシア　　C＝カナダ

❹ A＝ロシア　　B＝UAE　　C＝米国

日本の液化天然ガス（LNG）、石炭、鉄鉱石の輸入先国として共通して首位の国はどれか。

❶ 米国

❷ ブラジル

❸ オーストラリア

❹ インドネシア

A 29 = ②

KEYWORD シェール革命

原 油生産量の世界各国の順位は2010年代半ばの「シェール革命」で大きく変わりました。最も大きな変化は、11年時点ではサウジアラビア、ロシアに次ぎ3位だった米国が首位に躍り出たことですが、米国と同様、シェールオイル・ガスの開発が進むカナダの生産量も大きく伸びています。米国、サウジ、ロシアに次ぐ産油国がカナダになっている選択肢の②が正解です。

中国は21年も6位に入る産油国ですが、経済拡大で需要が伸び、輸入量でも最大です。21年の生産量で中国に続くのはアラブ首長国連邦（UAE）、次いで11年には4位だったイランです。米国はトランプ政権時代の18年からイラン産原油の全面禁輸措置をとりました。日本の原油輸入先はサウジ、UAE、カタールの順で中東諸国からが9割近くを占めます。

A 30 = ③

KEYWORD オーストラリア

L NGは日本にとって、発電エネルギー構成の中で最も大きな割合を占める重要なエネルギーです。その輸入先はオーストラリア（豪州）がおよそ4割を占め首位で、次いでマレーシア、カタールの順です。石炭は発電用の一般炭と製鉄用の原料炭に分かれますが、いずれも豪州が首位で、合計すると概ね6割が豪州からです。これに続くのがインドネシアで、ウクライナ侵攻前はロシアからも約1割を輸入していました。鉄鉱石の輸入先も豪州が半分以上を占め首位で、次いでブラジルが約3割を占めています。

このように豪州は日本が資源を調達するうえで重要な国であり、米国に次ぐ「準同盟国」として、2022年10月には安全保障協力に関する新たな日豪共同宣言にも署名しています。

自動車産業の次世代技術の頭文字を取った「CASE」に当てはまらない動きはどれか。

❶ 米テスラ＝車のソフトをネット経由で更新

❷ 中国・美団＝北京などで生鮮食品の無人配送

❸ シンガポール・グラブ＝日本のタクシー会社と提携

❹ トヨタ自動車＝温暖化ガスを排出しない水素エンジン車を開発

ゲーム向けの画像処理半導体（GPU）を応用した自動運転に欠かせない人工知能（AI）技術でトヨタ自動車など世界の自動車メーカーと提携している企業はどれか。

❶ 米エヌビディア

❷ 独ボッシュ

❸ 台湾・TSMC

❹ ソニーグループ

A 31 = ④

KEYWORD **CASE**

CASEのCはコネクテッド（つながる）で、ソフトをネット経由で更新し「車を売ってからも稼ぐ」ビジネスモデルは、米テスラの高収益の源泉です。出前アプリの中国テック企業、美団は公道を走る配送ロボットを活用しており、A（自動運転）。グラブはシンガポールの配車アプリ大手で、日本のタクシー配車アプリ会社が同社と提携し、東南アジアからの訪日客が使い慣れたアプリを開いて日本国内でタクシーを呼べるようになりました。S（シェアリング＝共有）に関連する動きです。

トヨタ自動車は「脱炭素」をEVに限定せず実現する戦略の一環で、従来のガソリンの代わりに水素をエンジンで燃やして走る水素エンジン車の開発に取り組んでいます。E（電動化）ではないので、これが「当てはまらない動き」です。

A 32 = ①

KEYWORD **自動運転**

自動車の運転は目や耳による「認知」、脳での「判断」、ハンドルやアクセルなどの「操作」の3要素を必要としますが、人間が行ってきたこれらの行動をコンピューターで代替するのが「自動運転」です。独ボッシュなど自動車部品のメガサプライヤーや、半導体の台湾積体電路製造（TSMC）、センサーを製造するソニーグループなども関連はしますが、「頭脳」にあたる、開発基盤（プラットフォーム）を提供しているのが米エヌビディアです。

エヌビディアはゲームの映像をなめらかに動かすGPUで成長した半導体メーカーですが、この技術がAIを賢くするディープラーニング（深層学習）に応用されています。トヨタ自動車をはじめ世界の自動車メーカーやメガサプライヤーと提携しています。

Q33 日立製作所が持ち株をすべて売却した上場子会社の主力事業はどれか。

❶ 送配電

❷ 鉄道

❸ 半導体材料

❹ 工場自動化（FA）

Q34 総合商社各社の非資源分野での最近の事業展開として、正しい組み合わせはどれか。

❶ 三菱商事 ── 風力発電強化で国内に35年ぶり支店

❷ 三井物産 ── 傘下コンビニも活用しデータ事業

❸ 伊藤忠商事 ── 米国で農業資材などアグリ事業展開

❹ 丸紅 ── アジア最大級の病院グループの筆頭株主

A 33 = ❸

KEYWORD 選択と集中

日立製作所はデジタルトランスフォーメーション（DX）基盤である「ルマーダ」を生かしたITサービスで継続的に稼ぐビジネスに事業を絞り込む一方、「売り切り型」だったそれ以外の事業は売却する戦略を進めています。上場子会社だった旧日立化成の主力事業である「半導体材料」はこれからも伸びる分野ですが、売り切り型であり、2020年に昭和電工に売却しました。一方、「送配電」ではスイスの重電大手から買収した事業を母体にした日立エナジーを完全子会社化しています。鉄道やFAもルマーダによるデジタル化を生かせる分野です。

なお、旧日立化成は売却後、昭和電工マテリアルズに社名変更。23年1月から昭和電工が持ち株会社に移行（レゾナック・ホールディングス）したのに伴い、同社傘下のレゾナックに社名変更しました。

A 34 = ❶

KEYWORD 総合商社の非資源事業

非資源事業には総合商社各社の投資先やグループ企業などの特徴が表れます。コンビニエンスストアを傘下に置くのは三菱商事（ローソン）と伊藤忠商事（ファミリーマート）ですが、強みである情報分野を生かしてデータ事業に取り組むのは伊藤忠です。医療分野ではアジア最大の病院チェーン、IHHヘルスケア（マレーシア）の筆頭株主は三井物産です。丸紅は食料分野に伝統的に強く、米国での農業資材販売が非資源事業での収益拡大の柱になっています。

三菱商事は2025年3月期までに3兆円規模の投資を計画していますが、そのうち最も多い1.2兆円をEX（エネルギートランスフォーメーション）分野に投資します。その柱の1つである国内での風力発電展開のため22年11月、秋田市と千葉県銚子市に35年ぶりに国内支店を開設しました。

長らく半導体の進化をけん引し各社が技術を競ってきた「微細化」が限界に近づき、次の要素は（　　　）とされる。（　　　）に当てはまるのはどれか。

❶ 3次元化

❷ パワー化

❸ 省資源化

❹ 新素材化

電子部品関連の以下の4社の中で、事業構成がグラフ（2022年3月期のセグメント別売上高）のようになっている企業はどれか。

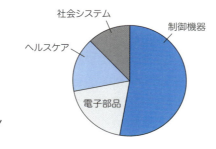

❶ オムロン

❷ 京セラ

❸ ニデック（旧日本電産）

❹ 村田製作所

A 35 ＝ ❶

KEYWORD 半導体

半 導体の進化は長らく、1つのチップ（シリコン基板）にどれだけ大量の回路を作り込むかの競争でした。これが「微細化」で、回路線幅を細くするほど性能が向上し、米アップルが2022年9月に発売したスマートフォン「iPhone14」の最新機種は回路線幅が4ナノメートル（ナノは10億分の1）の半導体を採用しています。この半導体を供給しているのが受託製造企業（ファウンドリー）の台湾積体電路製造（TSMC）です。同社はこの分野の技術で、世界最大手の米インテルなどをリードしてきましたが、この微細化のペースも鈍ってきました。

そこで注目されているのが、複数のチップを縦に積みあげて性能向上を図る3次元化です。半導体製造装置や半導体材料で強みがある日本メーカーにも商機が生まれると見られています。

A 36 ＝ ❶

KEYWORD 京都系

電 子部品メーカーの大手は京都市に本社を置く企業が多く、選択肢の4社にロームを加えた5社を「京都系」とも呼びます。それぞれ主力とする商品に特徴があります。事業構成のグラフでは制御機器が過半を占め、ヘルスケアが2割近くを占めるのが特徴的で、正解はセンサーなどFA（工場自動化）機器を主力にするオムロンです。

京セラはセラミック部品が主力で、ニデック（旧日本電産）は最近、電気自動車（EV）向けが拡大するモーターが主力製品。村田製作所はスマホや自動車向けの積層セラミックコンデンサーの最大手です。

電子部品業界ではほかに、「関東系」とも呼ばれるTDKとアルプスアルパイン、大阪市に本社を置く日東電工、長野県北佐久郡に本社を置くミネベアミツミが大手です。

以下はイオンの営業利益（2022年2月期）を「スーパー」「ドラッグストア等」「総合金融」「デベロッパー」に分けたグラフだ（赤字部門と海外などは除く）。最も大きいAと最も小さいBの組み合わせはどれか。

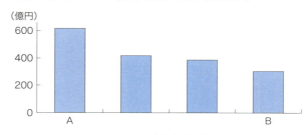

1. A＝スーパー　　　B＝総合金融
2. A＝総合金融　　　B＝スーパー
3. A＝デベロッパー　B＝総合金融
4. A＝スーパー　　　B＝ドラッグストア等

日本のプライベートブランド（PB）商品の現状について、間違っている説明はどれか。

1. ナショナルブランド（NB）トップメーカーも製造する。
2. 食料品中心だったコンビニ系PBで衣料品も扱い始めた。
3. 2021年度はトップ2社PBもマイナス成長を記録した。
4. グループ外企業に供給する例はほとんどない。

A 37 = ②

KEYWORD 総合小売り

イ オンは総合スーパー、不動産、金融、専門店などを展開する総合小売業です。2022年2月期の売上高（金融なども含むため正確には営業収益）約8.7兆円の約36％は総合スーパー（GMS）が占めますが、営業利益を見ると、GMSとサービス・専門店の部門はコロナ禍の影響で前期に引き続き赤字でした。「売上高」に占める割合は約5％ながら営業利益が最も多かったのは総合金融です。利益の順では次いでドラッグストア等（ヘルス＆ウェルネス）、デベロッパーで、選択肢のうち最も少ないのは売上高では約29％を占めるスーパー（SM）でした。

金融部門はローンやクレジットカードなどで稼いでいます。スーパーは売上高の割に利幅が薄いのが特徴です。イオンは利幅が厚いドラッグストアにウエルシアホールディングスなどの傘下企業を持ちます。

A 38 = ④

KEYWORD プライベートブランド（PB）

P B商品は小売りが企画した商品の生産をメーカーに委託し、小売りはそれを全量買い取って自社ブランドで販売します。山崎製パンやキリンビールなど業界トップ・準トップメーカーが生産する製品も目立ちます。従来は飲食料品が中心でしたが、ファミリーマートが2021年から靴下などのPB商品を「コンビニエンスウェア」として展開するなど、衣料品にも広がっています。21年度はセブン＆アイ・ホールディングスの「セブンプレミアム」、イオンの「トップバリュ」とも売上高が前年比マイナスを記録し、テコ入れの動きがあります。

セブンプレミアムがイズミへ、北海道のコンビニチェーン、セコマはPB商品をイオン傘下のドラッグストア、ウエルシアホールディングスへなど、他社への供給も目立ち始めています。

Q39 左右の会社の資本関係が、他の3つと異なるのはどれか。2023年1月時点。

❶ NTT　──　NTTドコモ

❷ KDDI　──　auフィナンシャルホールディングス

❸ ソフトバンクグループ　──　ソフトバンク

❹ 楽天グループ　──　楽天モバイル

Q40 左右の銀行の関係が、他の3つと異なる組み合わせはどれか。2023年1月時点。

❶ 北海道銀行　──　北陸銀行

❷ 千葉銀行　──　武蔵野銀行

❸ 横浜銀行　──　東日本銀行

❹ 福岡銀行　──　十八親和銀行

A 39 ＝ ❸

KEYWORD 完全子会社

NTTドコモは2020年まで東京証券取引所に上場していましたが、それまで66％出資していたNTTが100％出資して完全子会社化しました（上場は廃止）。auフィナンシャルホールディングスはKDDIの金融事業を統括する中間持ち株会社で完全子会社。楽天モバイルは楽天グループが携帯キャリア参入に際して設立した、やはり完全子会社です。以上と異なるのは、ソフトバンクグループの持ち株比率が40％で、両社とも上場するソフトバンクグループとソフトバンクの関係です。

　子会社とは一般に親会社が株式の50％超を取得しているか、40％以上で取締役の過半数を派遣するなどしている関係を指します。完全子会社化すれば少数株主の声を気にする必要がなくなり、意思決定の迅速化などのメリットがあります。

A 40 ＝ ❷

KEYWORD 地方銀行

地方銀行の合従連衡の動きが目立ちますが、1つの企業になる合併や持ち株会社を作ってお互いの全株式を保有する経営統合と、それよりソフトな業務提携のパターンがあります。北海道銀行と富山県の北陸銀行は2003年に持ち株会社ほくほくフィナンシャルグループ（FG）を作り経営統合、横浜銀行と東日本銀行は16年にコンコルディアFGを作り、経営統合しました。長崎県の十八親和銀行は、福岡銀行を傘下に持つふくおかFGが19年に十八銀行（長崎市）を経営統合した後、十八銀行と既にふくおかFG傘下だった親和銀行（長崎県佐世保市）と合併したもので、福岡銀行と十八親和銀行はやはり経営統合関係です。

　これに対して千葉銀行と埼玉県の武蔵野銀行は経営統合でなく、個別の業務提携よりやや深い、包括業務提携の関係にあります。

第**3**章

視野の広さ

Sensitive

★ この評価軸の出題趣旨

この評価軸は、多様な社会現象にも幅広い関心を持つことにより得られる「一般知識」を測るのが狙いです。基礎知識と実践知識に基づき課題を理解する場合、幅広い情報を持っていれば、違った角度から課題をとらえることができます。一見、経済と直接関係しない政治・社会の動きも含め、ビジネスパーソンに吸収しておいてほしい知識は少なくありません。仕事・生活の中で直接触れる事象をビジネスの視点からとらえるための知識も出題対象となります。

Q41 → Q60

政治・地理・社会 「なんでも経済」の視点で 世の中を見る

3 視野の広さ

　第2章までの入門解説では、それぞれの評価軸で知っておきたい経済・ビジネスの「基礎知識」「実践知識」を整理しました。「視野の広さ」の評価軸で出題する知識は、知っておくと経済やビジネスの動きを理解する助けとなる、いわば「一般知識」です。ここでは2023〜24年の経済の動きに関連する分野を3つ取り上げて解説します。

「政府」の仕組み、法案や重要方針を「閣議決定」

　最初に日本の政治です。2022年は岸田文雄政権が7月の参院選で勝利し、当面は国政選挙の予定がない「黄金の3年間」を手に入れたとされましたが、世界平和統一家庭連合（旧統一教会）問題、安倍晋三元首相の国葬問題、閣僚（大臣）の相次ぐ辞任などが重なり、支持率を落としました。その中で年末にかけて、防衛費の大幅増額やそのための財源案の骨格など、重要な決定も行われました。

　こうした政治ニュースも、政治がどのような仕組みで動いているかの全体像と、頻繁に登場する用語の「そもそも」を知っておくと、理解しやすくなります。まずは「政府」と「大臣」に焦点を当てて解説します。

　「政府」は、立法府である国会に対して行政府といいますが、端的には

[図表3-1] 政府の仕組み

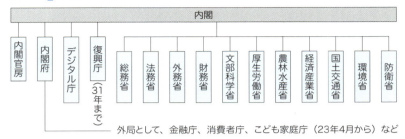

外局として、金融庁、消費者庁、こども家庭庁（23年4月から）など

「内閣」のことを指し、省庁は内閣に付属する行政機関、と理解すると分かりやすいと思います。内閣の下には「内閣府」と、総務省など11の省と、内閣直属のデジタル庁、復興庁、内閣官房があり、それぞれの長として国務大臣を置きます。例えばデジタル庁にデジタル大臣などです。

内閣府と内閣全体の長は「内閣総理大臣」（首相）です。内閣官房は首相を直接補佐する組織です。その長である国務大臣が「内閣官房長官」で、内閣のスポークスマン（代表として発言する人）役も果たします。

図表3-1で以上を数えると大臣の数は15ですが、22年8月発足した第2次岸田改造内閣には20人の大臣がいました。内閣府に首相を補佐する、特命担当の国務大臣（特命担当大臣）を置くためです。第2次岸田改造内閣でいえば、経済安全保障担当の高市早苗・特命担当大臣らです。

国務大臣は原則毎週火曜日と金曜日の午前、首相官邸の閣議室（国会開

⊕ 防衛3文書の閣議決定

2022年12月に行われた重要な閣議決定が、国の安全保障政策に関する「防衛3文書」です。外交・防衛の基本方針となる「国家安全保障戦略」、防衛力整備の指針となる「国家防衛戦略」、具体的な装備品の整備の規模や防衛費の総額を定めた「防衛力整備計画」で、相手のミサイル発射拠点をたたく「反撃能力」を保有し、防衛費を国内総生産（GDP）比で2%に倍増する方針を打ち出しました。米国に打撃力を頼り、自国防衛に専念してきた役割分担が変わり、日本の戦後の安全保障政策の大きな転換になります。

会中は国会議事堂内の閣議室）で定例閣議を開きます。法律・条約の交付や法律案、政令案などのほか、政府として意思決定を行うことが必要な案件について決めるのが、ニュースによく登場する用語「閣議決定」です。多数決でなく必ず全会一致で決めます。首相官邸の閣議室には中央に直径5.2メートルの円形の閣議テーブルが置かれ、閣僚（大臣）が着席します。テレビでよく見る、首相を中心に閣僚がコの字形に並んで座っている場面は、閣議が始まる前の集合場所（閣僚応接室）です。

「スケジュール」で動く国会、与党は法案提出前に議論

次に、「国会」についてです。立法府である国会には年間を通じた定例日などはなく、「会期」が定められています。必ず開くのは年に1度、1月に召集される「通常国会」です。会期は土日や祝日も入れて150日、6月までの5カ月間です。もう1つは例年、9月下旬ないし10月ごろから12月上旬ごろまで開かれることが多い「臨時国会」です。

2023年の通常国会は1月23日召集されました。会期は6月21日までです。国会では、前年末に決定した政府予算案を審議する「予算委員会」がテレビ中継もされ注目を集めますが、そのほか例年65本前後の法案が主に政府から提出され、常設で17ある委員会で審議します。

提出された法案は会期中に成立しないと原則、廃案となり、次の国会に

[図表3-2] 法律ができる仕組みと国会のスケジュール

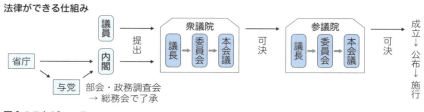

引き継げません。「会期末」になると与野党でスケジュールを巡る駆け引きが繰り広げられるのはこのためです。

　図表3-1で見た省庁の官僚の重要な仕事は、予算案と法案を作ることです。法案は国会議員も提出できますが、大半は内閣が提出します。省庁の中で検討し、省議で決定、内閣が閣議で決定して法案となります。その法案を法律のプロとして事前審査する内閣法制局という組織もあります。

　政治的に重要な手続きが、与党が法案の内容を事前に審査することです。「部会」や「政務調査会」で議論します。内閣は与党の了承を得たうえで、法案を閣議決定する、という流れになっています。その後の国会での流れは図表3-2の通りですが、実質的な審議の場となる国会の委員会で質疑をするのは主に野党の議員です。与党では以上のように、法案提出までに議論を尽くした形になっているためです。

　自民党では党の人事や選挙の立候補者の公認権と財政を管理する幹事長が、総裁に次ぐナンバー2とされ、党の意思決定機関である総務会の議長を務め運営を差配する総務会長、党の政策立案を担う政務調査会長と合わせて「党3役」、国政選挙や知事選の候補者調整や情勢分析など直接、選挙を指揮する選挙対策委員長も含め、「党4役」と呼びます。

　非常にざっくりとですが、国会や政府・与党がこのように動いていることをつかんでおくと、政治のニュースが身近に感じられると思います。

⊕ 衆議院の解散

　衆院議員の任期は4年で、前回衆院選挙（2021年10月）で当選した議員の任期は25年10月までありますが、「首相の専権事項」として有利なタイミングで衆院を解散することができ、解散した日から40日以内に選挙を実施します。24年9月には自民党総裁選（任期3年）を迎える日程もあり、23年1月時点では、同年5月に日本（岸田首相の地元の広島市）で開く主要7カ国首脳会議（G7広島サミット）後のタイミングなどで解散を予想する見方が出ていました。

　首相が衆議院の解散を行う場合は閣議で全閣僚の閣議書への署名をもって解散を決定。内閣総務官が天皇陛下から解散詔書に署名押印（御名御璽）を受け、首相も詔書に署名（副署）します。その内容を伝える伝達書が紫のふくさ（袱紗）に包まれて衆院議長に届けられ、議長がこれを読み上げて解散、となります。

📰 ロシアのウクライナ侵攻、世界の小麦需給に影響

　2022年2月に始まったロシアのウクライナ侵攻では、ロシアから主に欧州に供給していた天然ガスに供給不安が生じ、世界的なエネルギー価格の高騰を招きましたが、もう1つ重大な影響が生じました。それが世界の食料危機です。

　「世界のパンかご」という言葉があります。世界の広い地域で主食となっているパンの原料となる小麦を主に生産している地域のことで、米国からカナダにかけての「プレーリー」、アルゼンチンの「パンパ」と並んで、「チェルノーゼム」（黒土）と呼ばれる肥沃な土壌が広がっているウクライナは、世界の3大穀倉地帯の1つです。

　図表3-3は世界の小麦需給について生産量、輸出量、輸入量のシェアを示します。ロシアのウクライナ侵攻前の22年1月時点、輸出量ではロシアが約17％、ウクライナも約12％と、合わせて約3割を占めていました。この両国の戦争は、世界の小麦需給に大きな影響を及ぼしました。特に中東、アフリカなどの国々が打撃を受けました。

　ロシアとウクライナの小麦は割安なのに加え、両国からの積み出し港が

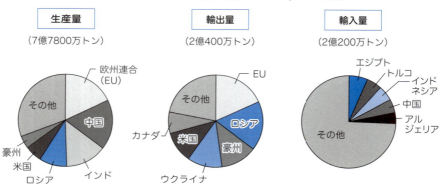

[図表3-3] 世界の小麦需給の各国シェア
（ロシアのウクライナ侵攻前、2021/22年度）

（資料）農林水産省「食料安全保障月報」2022年1月から作成

ある黒海の対岸にはトルコ、黒海を抜ければすぐにエジプト、リビア、レバノンなどの港と地理的に近く、これらの国々の小麦の輸入の8〜9割はロシア・ウクライナ産です。

この時点で世界最大の小麦輸入国だったエジプトは人口約1億人と中東で最大、アフリカ大陸の国としてはナイジェリア、エチオピアに次ぐ人口大国です。国民の3割が貧困層とされるエジプトでは、政府が補助金を出し、主食である「アエーシ」と呼ぶパンの低所得者向け小売価格を原価の10分の1以下といわれる低価格に抑えています。11年に中東各地で起きた「アラブの春」では、同国の当時のムバラク独裁政権を倒した反政府デモの一因が食料価格の高騰でした。中東各国にとって、小麦不足やその価格高騰は政権の危機に直結します。

東南アジアのインドネシアもウクライナ産小麦を多く輸入してきました。人口2.8億人の大国である同国の国民食ともいえる即席めんの原料となっており、財閥系サリム・グループの食品会社が製造する即席めん「インドミー」の価格に影響すれば、24年2月に大統領選挙を控えるジョコ政権への反発につながりかねない、とも注視されました。

📰 先進国に偏る食料生産、中国の需要も急拡大

小麦を巡りこうした問題が起きる背景には、農業生産が一部の国に偏り、需要が大きい途上国で農業が育っていないことがあります。例えばエジプトもナイル川の下流に肥沃な土地があり、小麦を生産していますが、自国の需要をまかなえていません。

改めて図表3-3を見ると、小麦の生産・輸出の国・地域別シェアで首位は欧州連合（EU）ですが、その中で最も生産量が大きいのはフランスです。米国、カナダ、フランス、オーストラリアなどの先進国は大規模な耕作地を持つ農家が大型機械を使って効率高く生産をすることで生産を伸ばし、輸出で稼いでいます。

食料の増産には肥料も欠かせませんが、化学肥料価格は高止まりし、肥料の3要素といわれる窒素、リン酸、カリウムの原料となる天然ガスや鉱石では、ロシアやその同盟国のベラルーシが大きなシェアを握ります。肥

料が手に入りにくいことも途上国の農業生産が伸びない一因です。

　「国際農産物」ともいわれる作物には小麦のほか、トウモロコシ、大豆があります。トウモロコシは家畜の飼料やバイオ燃料としての需要も加わって最近、大きく生産を伸ばしました。生産量では米国が約3割、中国が約2割、ブラジルが約1割を占めます。輸出では米国が約3割、ブラジル、アルゼンチンが約2割を占め、それに次ぐのが中国の支援で生産を伸ばしたウクライナでした。中国は自国産では国内需要をまかなえず、輸入国として首位、次いでメキシコ、日本が主な輸入国です。

　大豆も飼料用の需要が増えています。生産国としてはブラジルが約4割を占め首位、次いで米国が約3割です。輸出ではブラジルのシェアが最近大きく伸び5割以上ですが、米国も約3割を占めます。輸入では中国のシェアが圧倒的で約6割を占めます。中国の食肉消費の約6割を占める豚肉の生産のための飼料となるのが大豆で、その主な輸入先の1つが米国です。米国の大豆農家の多くは米大統領選挙の激戦州（スイングステート）である中西部の州にあり、米中貿易摩擦でも、中国による米国産大豆の購入拡大が両国の取引材料になりました。

　以上のような食料を巡る地理的な知識も、国際経済の動きを理解するうえで助けになります。

⊕ 日本の食料自給率

　日本の食料自給率は2021年度、過去最低だった20年度から1%上昇して38%になりました。この自給率は、国民が食べる食品の総カロリーに占める国内生産の割合を示します。日本のカロリーベース自給率は1965年度には73%ありました。それがここまで低下したのはコメを食べなくなった食生活の変化によるものです。また、この自給率は畜産物の飼料を考慮しています。例えば日本の牛肉の自給率は「国内で生産された牛」という定義では38%ありますが、「国産の飼料を食べて純粋に国内で生産された牛」という定義だと10%です（21年度、以下も）。日本の小麦の自給率は17%、大豆は7%です。主要7カ国（G7）各国のカロリーベース自給率は高く、19年度で米国121%、フランス131%、カナダ233%で、6番目のイタリアも58%ありました。日本政府は30年度に45%の達成を目標に掲げています。

人口構成で読む未来、社会変化を映す「世代」

最後に「社会」の分野です。経済知力を高めるのに役立つ知識としては、人口構成、ライフスタイルなどの分野が重要です。経済・社会が今後どう動いていくか、未来を見通すことにつながります。

図表3-4は、日本の出生数と合計特殊出生率の推移です。2021年の出生数は新型コロナ感染拡大の影響が続き、81.1万人に減少しました。22年は80万人を割ると見られます。国立社会保障・人口問題研究所は80万人割れを30年と予測していましたが、大幅に早まります。日本の人口が1億人を割るのは2053年ころと予測されてきましたが、その時期も早まりそうです。

1947～49年の出生数は21年の3倍以上で、250万人を超えていました。この3年間に生まれた人たちを「団塊の世代」と呼びます。出生数が

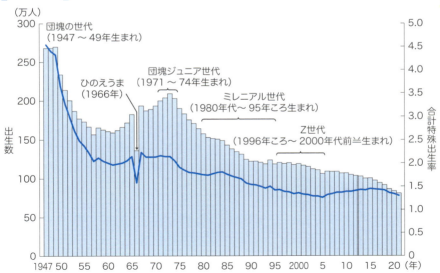

[図表3-4] 出生数、合計特殊出生率の推移

（注）ミレニアル世代とZ世代の生まれ年に関しては諸説あり、暫定
（資料）出生数と合計特殊出生率は厚生労働省

増えたのは第2次世界大戦後の世界的な現象（ベビーブーム）で、米国では「ベビーブーマー」と呼びます。

　この世代は22年から続々と75歳を迎えており、25年には全員が75歳以上の後期高齢者になります。第1章の入門解説の財政の項でも見た、社会保障負担が一段と重くなる時期で、「2025年問題」と呼びます。さらにその子どもの世代の「団塊ジュニア世代」（1971〜74年生まれ）が、40年には全員が65歳以上の高齢者になります。「2040年問題」です。

　「世代」は人生の節目で迎えた社会変化からも名付けられます。例えば1993〜2004年ころの企業の新卒採用が特に厳しかった時代に社会に出た「就職氷河期世代」です。バブル崩壊後の不況と不良債権問題による金融機関の破たんが相次いだ時期で、「ロストジェネレーション（ロスジェネ）世代」とも呼ばれました。

　世界的には2000年以降に成人を迎えた1980年代生まれ以降を「ミレニアル世代」と呼びます。子どものころからインターネットが普及してデジタルになじみ（デジタルネイティブ）、環境・社会問題に前の世代より関心が高い世代とされます。その後、1990年代後半から2000年代前半に生まれた世代が「Z世代」です。米国ではミレニアル世代とZ世代の人口が全人口の4割を占めつつあります。高齢化が進む日本では人口に占めるこれらの世代の割合は海外を下回りますが、特にZ世代の消費スタイルは新しい消費スタイルを先導し始めています。

　さらにこのZ世代の次の世代として「α世代」という呼び名も聞かれ始めました。ミレニアル世代の子ども、2010〜25年ころ生まれの世代を指し、生まれた時からSNS（交流サイト）やタブレット端末がある世代（画像共有アプリ「インスタグラム」のサービス開始とアップル「iPad」発売が10年）です。

「コスパ＆タイパ」、Z世代の消費スタイル反映

　日経MJ（流通新聞）が毎年12月に発表している「日経MJヒット商品番付」は、毎年の消費トレンドをつかむのに格好の材料です。消費動向や世相を踏まえ、商品開発の着眼点、産業構造や生活者心理に与えた影響な

2022年ヒット商品番付

蒙御免

位	東 商品名と寸評	西 商品名と寸評
横綱	**コスパ&タイパ** 値上げが広がる中、費用対効果の高い商品に支持。節電効果が期待できるパーソナル冷暖房や大容量品が人気。動画の倍速視聴など時間対効果を追う動きも	**#3年ぶり** コロナ禍で中止されたイベントが3年ぶりに再開。夏祭りの経済効果は4000億円との試算も。旅行支援策やインバウンドの水際対策緩和で旅行需要に回復の兆し
大関	**サッカーW杯日本代表** 強豪ドイツとスペインを破ってグループ首位通過。アベマが全試合を無料配信し、スマホなど視聴方法が多様に	**ヤクルト本社「ヤクルト1000/Ｙ1000」** 宅配型のヤクルト1000の販売本数は1日約1181万本（4〜9月）で前年同期比6割増。千葉に工場新設を決定
関脇	**ポケットモンスター スカーレット・バイオレット** 発売後3日間の世界累計販売が1000万本超と任天堂のソフトで過去最高。同社では「スプラトゥーン3」もヒット	**ジブリパーク** スタジオジブリのアニメの風景を再現したテーマパーク。11月に先行開業した3区画のチケットは来年1月分まで完売
小結	**ワンピース フィルム レッド** 歌姫「ウタ」を巡るストーリー。興行収入は180億円を超え、国内の歴代9位に。Ａｄｏが歌うシーンも話題	**トップガン マーヴェリック** 洋画として3年ぶりに国内興収100億円超え。何度も見に行く「追いトップガン」や前作との「2作連続上映」も話題
前頭	**ガチャ旅** ランダムに旅先が決まる鉄道や航空券。割安感とワクワク感で話題。JR西日本の「サイコロきっぷ」は約28万人が購入	**ちいかわ** ツイッター漫画発のキャラクター。企業コラボなどを重ね、グッズも大人気に。市場規模は推計100億円超
同	**SHEIN（シーイン）** 圧倒的に安い「ウルトラファストファッション」の新興アパレルEC。11月開業のショールームは初日に4000人来店	**ユニクロ「タックワイドパンツ」** 縦横に伸びるストレッチ素材のワイドパンツ。シルエットがきれいで着回しできるとSNSで話題。想定以上の売れ行き
同	**日産自動車「サクラ」** 手ごろな価格と力強い走りで注目された軽EV。発売4カ月半で3.3万台超を受注。国内EV販売をけん引した	**サイエンス「ミラブルzero」** 洗顔や頭皮洗浄など用途に応じた3種類の水流が出るシャワーヘッド。発売約4カ月半で出荷台数11万本突破
同	**月見ファーガー商戦** 「ファーストキッチン」コメダ珈琲店」などが参入。「モスバーガー」は発売8日で2カ月分の目標の半数の約80万食を販売	**カヌレ** 仏・ボルドー地方の伝統的な焼き菓子。ローソンが9月に発売した「濃密カヌレ」は累計販売数1000万個以上
同	**SPY×FAMILY** スパイ、殺し屋、超能力者による偽装の家族生活を描く。累計発行部数2700万部超、アニメや企業コラボも人気	**silent** 川口春奈主演のフジテレビ系恋愛ドラマ。第4話は「TVer」配信後1週間で582万再生と単話の最高記録を更新
同	**300円ショップ** インフレで300円など均一価格帯の業態が急拡大。3COINSは3月以降36店舗増。大創産業の新業態も30店舗以上に	**RIZAP「ちょこざっぷ」** 24時間稼働のコンビニ型ジム。1日5分の超短時間トレーニングプログラムも。気軽さが受け会員数10万人超
同	**チェンソーマン** 悪魔を身に宿した主人公が、自身の生活や欲望のために戦う。累計発行部数は2000万部を超え、アニメも人気	**すずめの戸締まり** 新海誠監督の最新作。公開3日間で「君の名は。」超え。199の国と地域で配給決定、12月4日時点で興収は約76億円
同	**瞳用コンシーラー** 眉まわりを整え明るくする。「ヴィセリシェ アイブロウエンハンサー」は4カ月半で年間計画を2割上回る売り上げ	**たるみ対策ハイテク化粧品** 「マスク老け」対策の製品相次ぐ。「ビオパフォーマンス スキンフィラー」は発売1カ月の売り上げが計画比3倍
同	**東京ディズニーリゾート・トイ・ストーリーホテル** 映画「トイ・ストーリー」シリーズを主題にしたディズニーホテル。4月の開業以来、ほぼ満室の状況が続く	**西九州新幹線** 9月開業。武雄温泉駅（佐賀県）と長崎駅を結ぶ。一番列車の指定席券は10秒で完売。開業1カ月で約19万8000人が利用
同	**アームカバー** 若い女性を中心にアクセサリー感覚で身につける人が増加。アパレルブランドではトップスとのセット商品も人気	**スマホショルダー** スマホを斜めがけできる小型バッグやストラップ。オークファンによると、10月の取引数は前年同月比10倍に
同	**画像生成AI** 文章を元に精巧な画像を作り出す人工知能（AI）が相次ぎ公開。個人が楽しむだけでなく、広告作成などで活用の動きも	**サンスター文具「メタレレ」** 削るだけで16桁まで書けるとSNSで注目された立に金属を配合した鉛筆。想定の受注計画比6倍、出荷は累計21万本超に
同	**日清食品「完全メシ」** 1日に必要な栄養素をバランス良く摂取できる食品。「ラ王」や冷食など発売し累計出荷額は約4カ月で400万食超	**UHA味覚糖「ピグミー」** 水のようなしずくの形の透明グミ。独特な見た目と食感がTikTokで話題を呼び、売り上げは想定の7倍超
同	**鎌倉殿の13人** NHKの大河ドラマ。小栗旬主演・三谷幸喜脚本でエンタメ性の高さが人気。ツイッターでは毎回トレンド上位に	**若年投資** 高校で金融教育が必修となり、若者が投資に関心も。LINE証券は10〜20代の利用者のうち25%が学生と前年比7割増
同	**ながら聴きイヤホン** 周囲の音も同時に聞き取れるイヤホン。眼鏡型も登場し、ソニー「LinkBuds」は計画比約2倍の売れ行き	**米グーグル「グーグルピクセル」** 10月発売の新機種「ピクセル7」が好調。BCNによると、アンドロイド搭載スマホで初めてシェア首位に
同	**冷食食品専門売り場** イオンの「アットフローズン」や松屋銀座など有名食品会店や世界の食がトレンドをおさえた冷食をそろえた売り場が人気に	**サントリー「ビアボール」** アルコール度数16%のビール。氷と炭酸水を入れたグラスに注ぎ、好きな濃さに割る。10月発売の業務用は3500店に展開
同	**焼肉ライク「焼肉フィットネス」** 月1万円台で毎日1回、指定の焼き肉セットが注文できる。恵比寿本店の先行販売では100トンが5分で完売	**16タイプの性格診断** 質問に答え、16タイプに分類する性格診断が話題に。BTSが動画で紹介したのをきっかけに若年層を中心に広がる

技能賞
なりきりマイク feat. ELT 持田香織 スペシャルルーム

敬闘賞
村神様（村上宗隆）

話題賞
きつねダンス、羽生結弦

残念賞
回転ずし業界の不祥事

日経グループ従業員間で世相を踏まえ、売れ行き、開発の独創性、産業構造や生活者心理に与えた影響などを総合的に判断して作成した。（東・西とも大相撲の番付表にならい東方が西方より格上であることを示す。）

（第52回）行司 日経MJ

2022年12月7日付日経MJ（流通新聞）1面

どから総合的に選んだランキングです。

2022年の番付の最上位（東の横綱）が「コスパ（コストパフォーマンス）＆タイパ（タイムパフォーマンス）」です。物価上昇への防衛策の面もありますが、「コンテンツは倍速再生」など、Z世代のライフスタイルを映しています。東の前頭2枚目の中国発ファッションネット通販「SHEIN（シーイン）」は圧倒的に安い「ウルトラファストファッション」として世界のZ世代の支持を集めています。西の前頭6枚目のRIZAPのコンビニジム「ちょこざっぷ」は、1日5分のプログラムもある超短時間と月額2980円（税別）通い放題でコスパ＆タイパ需要を発掘しました。

ヒットした商品・サービスを見ると、ビジネスのトレンドがつかめます。22年最大のヒット商品は、西の大関にランクインしたヤクルト本社の「ヤクルト1000／Y1000」でした。東の前頭12枚目の日清食品「完全メシ」も含め、機能性を打ち出した飲料・食品が人気を集めます。

エンターテインメント分野では、「配信」が隠れたキーワードです。東の大関「サッカーW杯日本代表」では、ワールドカップ（W杯）放送から撤退する民放テレビ局もある中で、サイバーエージェントのネットテレビ「ABEMA（アベマ）」が全64試合を中継。日本代表の予選3戦累計視聴者は4000万人を超え、ベスト8をかけた対クロアチア戦ではアクセス集中で視聴制限がかかりました。西の前頭5枚目のフジテレビ系恋愛ドラマ「silent」は民放の配信サービス「TVer（ティーバー）」で再生回数の記録を更新。配信で見る視聴スタイルへの変化を象徴しました。

20年に「鬼滅の刃」、21年に「呪術廻戦」が大ヒットした日本の漫画コンテンツでは、ともに集英社発の「スパイファミリー」「チェンソーマン」が東の前頭の5、7枚目に入っています。それぞれアニメ化され、衣料や食品、コンビニなどとのコラボ商品は、漫画の枠を超えて消費のけん引役にもなっています。

以下の練習問題は2章までの問題とややテイストが異なるものもあり、ジャンルも多岐にわたりますが、いずれもビジネスにつながる知識です。どのような分野に注意を払って情報に接するかの参考にしてください。

以下の農産物の世界での輸出入について、正しい記述はどれか。ロシアのウクライナ侵攻前の2021年時点。

❶ 小麦＝米国・カナダで世界の輸出の約半分

❷ トウモロコシ＝世界の輸出の3割がロシアとウクライナ

❸ 大豆＝輸出でブラジル、輸入で中国が最大

❹ コメ＝輸出で中国、輸入でインドが最大

日本からの農林水産物・食品の輸出について、正しい記述はどれか。2021年実績、農林水産省まとめ。

❶ 2021年に初めて輸出金額が年2兆円を超えた。

❷ 輸出先としては米国向けが最大だ。

❸ コメの輸出は加工品を除き減少が続いている。

❹ 酒類も含み、その中ではウイスキーの輸出額が最大だ。

A 41 = ❸

KEYWORD　国際農産物

小 麦は入門解説で触れた通り、世界の輸出の約3割をロシアとウクラ
イナが占めていました。米国やカナダも有力輸出国ですが、両国合
わせても2割程度です。トウモロコシは米国が最大の輸出国で約3割を占
めます。大豆は中国が最大の輸入国で、輸出はかつて米国とブラジルのシ
ェアが拮抗していましたが、米中貿易摩擦の影響で最近、大きく輸出を伸
ばしたのがブラジルです。この「大豆」の選択肢が正解です。

　コメは生産量では中国、インドの順ですが、中国は自国の需要をまかな
えず最大の輸入国でもあります。輸出で約4割のシェアを持ち最大なのは
いわゆる「緑の革命」でコメなどの増産に成功したインドで、次いでタイ、
ベトナム、パキスタン、米国などがコメの輸出国です。コメ輸入国として
はフィリピンが中国に次ぎます。

A 42 = ❹

KEYWORD　ジャパニーズウイスキー

日 本からの農林水産物・食品の輸出は2021年に前年比約26%増の1
兆2382億円と、初めて1兆円の大台を超えました。「2兆円」は25
年の目標で、政府は30年に5兆円にする目標を掲げています。21年の輸
出先の首位は中国で、2位が前年まで首位だった香港。米国は3位です。
品目別ではホタテ貝が前年より倍以上の約640億円でしたが、酒類の中で
トップのウイスキーが約7割増え約460億円と、すべての品目別でも2位
に入りました。「ジャパニーズウイスキー」は欧米で知名度が上がってい
ますが、中国向けも好調で、単価も上がっています。

　コメの輸出は金額は少ないものの年々伸びており、21年は59億円と、
17年に比べほぼ倍増しました。海外での日本食レストランなどの広がり
が背景です。日本酒など加工品も含めた21年の輸出額は524億円でした。

天然ガスの特徴と生産・流通に関する記述として、正しいのはどれか。

① 燃焼時の温暖化ガスの排出量は石油の４分の１程度だ。

② 液化天然ガス（LNG）によるタンカーでの輸送がパイプライン経由より多い。

③ シェールガス開発に成功した米国が世界最大産出国だ。

④ 日本のロシアへの依存度は2021年までほぼゼロだった。

電気自動車（EV）の車載電池に必要な資源である「バッテリーメタル」に含まれないのはどれか。

① コバルト

② ニッケル

③ リチウム

④ パラジウム

A 43 = ③

KEYWORD 天然ガス

天 然ガスはロシアのウクライナ侵攻で、欧州各国のロシア産依存度の高さがクローズアップされました。日本では天然ガスといえば液化してタンカーで運ぶLNGですが、世界的に見れば気体のままパイプラインで運ぶ割合が上回ります。燃やした際に発生する二酸化炭素（CO_2）の排出量が少ないことで世界的に需要が増えていますが、CO_2排出量は石炭：石油：天然ガスの比較で10：8：6程度はあります。輸出量で見ればロシアの割合は大きいものの、産出量では「シェール革命」で増産に成功した米国が世界最大で、これが正解です。

ロシア領サハリン沖の天然ガスを開発する「サハリン2」には日本の三菱商事、三井物産も出資しており、ロシアはLNG輸入で2021年時点、豪州、マレーシア、カタール、米国に次ぐ依存先でした。

A 44 = ④

KEYWORD バッテリーメタル

E Vの車載電池として使われている「リチウムイオン電池」は正極と負極の間をリチウムイオンが移動することで、放電や充電を何度も繰り返す仕組みです。その正極材に使われるのが一般的にコバルト、ニッケルと、選択肢にはないマンガンです。いずれも産出量が少なかったり、抽出が難しかったりする希少な金属（レアメタル）で、「バッテリーメタル」と呼ばれます。リチウムは豪州やチリ、コバルトはコンゴ民主共和国、ニッケルはインドネシアやフィリピンに産出国が集中します。

パラジウムもレアメタルの1つですが、EVではなくガソリン自動車の排ガス浄化触媒に使います。世界の産出シェアの約4割をロシアが占めることから2022年のロシアのウクライナ侵攻後、価格が急騰しました。同様に触媒に使う金属としては白金（プラチナ）があります。

2024年に行われる政治イベントはどれか。

❶ 米大統領選挙

❷ 中国共産党大会

❸ 韓国大統領選挙

❹ 日本の参院選挙

最近、左派政権の誕生が相次ぎ「ピンクの潮流の復活」とも指摘される中南米各国の中で、2022年5月に中道右派の大統領が就任した国はどれか。

❶ アルゼンチン

❷ コスタリカ

❸ コロンビア

❹ ブラジル

A 45 ＝ ❶

KEYWORD 米大統領選挙

世界の政治もスケジュールで動きます。2023年は主要国に大きな政治日程がない年ですが、24年11月に控える世界最大の政治イベントが米大統領選挙です。22年11月の中間選挙の結果、野党・共和党が下院で多数を握る「ねじれ議会」になったため、大統領選に向けての駆け引きが展開されます。2月には各州の予備選挙や党員集会が始まり、3月には予備選挙などが集中する「スーパーチューズデー」があります。なお、任期6年のロシアの大統領も24年が任期満了で、現在通算4期目のプーチン大統領はさらに2期12年、大統領を務めることが可能とされます。

中国の共産党大会は5年ごとで、次回は27年です。韓国の大統領も任期5年で次回選挙は27年です。日本の参院選は3年ごと半数改選で、次回は25年です。

A 46 ＝ ❷

KEYWORD ピンクの潮流

「ピンクの潮流」は、2000年前後から中南米で左派政権が相次いで誕生したことを指し、共産主義を象徴する「赤」ではなく選挙を通じて社会主義政策を追求するという意味で「ピンク」と形容されました。その後は右派政権への揺り戻しがありましたが、18年にメキシコ、19年にアルゼンチン、21年にペルー、22年は1月にホンジュラス、3月にチリ、8月には中南米の中で最も親米保守といわれたコロンビアでも左翼ゲリラ出身のペトロ氏が大統領に就任。10月には中南米一の大国、ブラジル大統領選挙で左派のルラ元大統領が現職の右派ボルソナロ大統領を破り当選しました。「ピンクの潮流の復活」と呼ばれます。

その中で22年4月に行われたコスタリカ大統領選の決選投票では中道右派のチャベス前財務相が勝利し、5月に就任しました。

以下の条件にすべて当てはまる北欧の国はどれか。

- 欧州連合（EU）の加盟国
- 非加盟だった北大西洋条約機構（NATO）に2022年、加盟手続き
- アパレルや家具で同国発ブランドを国際展開

❶ ノルウェー

❷ スウェーデン

❸ デンマーク

❹ フィンランド

以下の多国間の枠組みの中で、日本が入っているのはどれか。2023年1月時点。

❶ AUKUS（オーカス）

❷ Quad（クアッド）

❸ ファイブ・アイズ

❹ 上海協力機構（SCO）

A 47 = ❷

KEYWORD NATU

E Uには、欧州の主要国では元々参加していないスイスや脱退した英国のほか、ノルウェーが加盟していません。資源収入が豊かなことや漁業権で不利になることが非加盟の理由です。北欧5カ国の中でEUに加盟していないのは同国とアイスランドですが、NATOにはそれぞれ1949年の発足当初からの原加盟国です。NATOに非加盟だったのはロシアと国境を長く接するフィンランドとその隣国スウェーデンですが、2022年、ロシアのウクライナ侵攻を受けて加盟を申請しました。

正解はこの両国のどちらかになりますが、アパレルでファストファッションのH&M、家具でイケアなどのブランドを国際展開しているのはスウェーデンです。フィンランドは通信設備大手ノキアなどIT産業で国際的な知名度があります。

A 48 = ❷

KEYWORD Quad

Q uadとは「4つの」の意味で、日本、米国、オーストラリア（豪州）、インドの4カ国で安全保障や経済を協議する枠組みです。中国が経済だけでなく軍事面でも力を増し、海洋進出などで脅威になっていることに対応したものです。NATOのような軍事同盟ではありませんが、4カ国で合同軍事演習も実施しています。局長級の会合から徐々に格上げされ、2021年3月には初の首脳会談もオンラインで開かれました。

AUKUSは豪州（A）、英国（UK）、米国（US）で21年発足したやはり対中国の軍事同盟。ファイブ・アイズはこの3カ国とカナダ、ニュージーランドによる機密情報共有の枠組みです。上海協力機構（Shanghai Cooperation Organization）は中国とロシアが主導する地域組織で01年発足、中央アジア諸国のほかインド、パキスタンも参加しています。

ロシアのウクライナ侵攻で、ウクライナ軍が使用し活躍したトルコ製の軍用品・技術はどれか。

❶ 衛星通信システム

❷ 携行型対戦車ミサイル

❸ 地雷

❹ ドローン

以下のミサイルの中で、中国は保有するが米国は保有していないのはどれか。

❶ 弾道弾迎撃ミサイル

❷ 中距離弾道ミサイル

❸ 潜水艦発射弾道ミサイル

❹ 巡航ミサイル

A 49 = ④

KEYWORD 軍事用ドローン

軍事用ドローン（無人機）は2022年、ロシアのウクライナ侵攻のニュースに頻繁に登場しました。ウクライナ空軍が使用、ロシアの補給トラックやミサイル防衛システムを破壊したり、22年4月にロシア海軍黒海艦隊旗艦であるミサイル巡洋艦「モスクワ」を沈めた攻撃に地対艦ミサイルとともに参加したりしたと報じられているのが、トルコのバイカル技術社が製造する武装ドローン「TB2」です。

トルコは米国製武装ドローンの供給を禁じられたことから自国で開発に取り組みました。ウクライナ空軍は19年から購入を始め、ロシアの侵攻前から東部紛争地域で使用していました。小国でも大国に対抗できるため、今後の地域紛争のゲームチェンジャーになる武器だと指摘されています。携行型対戦車ミサイル「ジャベリン」は米国製です。

A 50 = ②

KEYWORD 中距離弾道ミサイル

核弾頭を運搬できるミサイルには射程5500キロ以上の大陸間弾道ミサイル（ICBM）と、射程500〜5500キロの中距離弾道ミサイル（IRBM）・準中距離弾道ミサイル（MRBM）、潜水艦発射弾道ミサイル（SLBM）などがあります。ICBMは米国400基対中国106基（2022年版「防衛白書」から、以下も）、SLBMは同280基対72基などと大きな差がありますが、米国がゼロで中国が278基保有するのが中距離のIRBM・MRBMです。米国が旧ソ連（現ロシア）と結んだ中距離核戦力（INF）全廃条約によりIRBM・MRBMを廃棄したためで、米国とロシアはINF全廃条約が2019年に失効した後も新戦略兵器削減条約（新START）を5年間延長しています。

中国のIRBMは米本土には届かないもののグアムに達する可能性はあり、台湾有事の際のリスク要因になると指摘されています。

Q51 ロシアのウクライナ侵攻に対して欧米諸国は2022年、ロシアの有力銀行を（　　）から排除する制裁措置をとった。（　　）に当てはまる組織はどれか。

❶ バーゼル銀行監督委員会

❷ 欧州復興開発銀行

❸ グラスゴー金融同盟

❹ 国際銀行間通信協会

Q52 いわゆる次世代原発の中で、出力30万キロワット以下で事故時の安全性が高く、建設工期も短い小型モジュール炉（SMR）について、正しい説明はどれか。

❶ 従来型原子炉より稼働後の発電コストは高い見込みだ。

❷ 飛行機テロなどへの耐性が低いのが難点とされる。

❸ ロシアや中国は遅れ、米欧が実用化で先行している。

❹ 日本の規制基準は緩く、全国に分散立地するための地元同意は得やすい。

A 51 ＝ ❹

KEYWORD　SWIFT

国　境を越えた送金情報を電子的にやりとりする事実上の国際標準となっているインフラが、国際銀行間通信協会（SWIFT ＝ Society for Worldwide Interbank Financiai Telecommunication）です。参加国は200超、本部は欧州連合（EU）と同じくベルギーにあります。SWIFTから排除されると輸出入に伴う代金の決済が困難になるため、経済制裁の手段として使われています。

　間違いの選択肢のバーゼル銀行監督委員会はスイスの国際決済銀行（BIS）に事務局を置く国際金融規制を議論する委員会。グラスゴー金融同盟は2021年に英国で開かれた国連気候変動枠組条約第26回締約国会合（COP26）で正式に発足した、2050年の温暖化ガス排出実質ゼロを目指す金融機関の有志連合の名称です。

A 52 ＝ ❶

KEYWORD　SMR

S　MRは原子炉など発電設備の大半を工場で製造し、現地で組み立てるため、工期が短く、建設コストも大幅に安くなります。米欧も開発を後押ししていますが、ロシアは既に実用化、中国も建設に着手しているとされます。地下に設置可能なので、飛行機テロには従来型の構造を頑丈にするより対応しやすく、耐性は高いはずです。日本にまだSMRの規制基準はなく、地元同意を得る困難性は高いとみられます。

　稼働後の発電コストについては、「小型」なので規模の利益が働かず、従来主流の軽水炉に比べ高いはずで、この選択肢が正解です。次世代原子炉としてはこのほかデジタル技術で安全性を高めた「革新軽水炉」、核分裂時に発生する高熱で水を分解して水素を取り出す高温ガス炉（HTGR）などがあります。

日本の宇宙スタートアップ企業と各社が取り組むテーマの組み合わせとして、正しいのはどれか。

❶ アストロスケールホールディングス ── 人工流れ星

❷ ispace（アイスペース） ── 月面開発

❸ インターステラテクノロジズ ── 宇宙ごみ除去

❹ ALE（エール） ── 小型ロケット打ち上げ

米国企業が、既存の滑走路から飛び立った航空機から人工衛星を打ち上げる事業を計画する「宇宙港」のプロジェクトを進めている空港はどれか。

❶ とかち帯広空港（北海道）

❷ 南紀白浜空港（和歌山県）

❸ 大分空港（大分県）

❹ コスモポート種子島（種子島空港、鹿児島県）

A 53 = ❷

KEYWORD　月面開発

月面開発とは、月に有人宇宙基地を建設して水も含めて資源を開発、将来の火星進出の足掛かりの構築や観光などのビジネスの展開を目指すものです。米国主導で日欧も参加する月面探査「アルテミス計画」が進んでおり、その第一弾として2022年12月、米航空宇宙局（NASA）の宇宙船「オリオン」が月を無人で周回して帰還しました。これに続いて米スペースXのロケット「ファルコン9」で打ち上げられたのが日本の宇宙開発スタートアップ、ispace（アイスペース、東京・中央）の月面着陸船です。23年1月時点、同年4月末ころに着陸を試みる見通しです。

同社は10年設立、米グーグルも出資して行われた世界初の月面探査レースへの参加などを行ってきました。今回の着陸船の飛行を実証試験と位置付け、将来は月面への輸送サービス構築などを計画しています。

A 54 = ❸

KEYWORD　宇宙港

宇宙ビジネス拡大への期待が膨らむ中、ロケット発射の拠点となる「宇宙港」を整備する計画が各地で進んでいます。東に太平洋が開けた日本は適地が多く、地域活性化の起爆剤として期待する自治体も増えています。その中で既存の空港を活用した「水平型宇宙港」の計画が進んでいるのが大分空港（大分県国東市）で、事業を進める米ヴァージン・オービット社が大分県と提携し打ち上げ計画を立てています。同空港の滑走路が3000メートルと長いことが決め手になりました。

ロケットをそのまま打ち上げる「垂直型」の宇宙港計画としては、とかち帯広空港が最寄りの大樹町（北海道スペースポート）、南紀白浜空港が最寄りの串本町（スペースポート紀伊）があります。種子島空港は宇宙航空研究開発機構（JAXA）の種子島宇宙センターの最寄り空港です。

メタバース（仮想空間）上のデジタル資産の取引を支える技術はどれか。

❶ インターネット・オブ・シングス（IoT）

❷ クラウドコンピューティング

❸ ディープラーニング

❹ ブロックチェーン

以下の条件をすべて満たすスポーツはどれか。

・米国などで高額賞金かけた大会
・日本でも専用施設が相次ぎ開業
・2023年アジア大会で正式種目に採用

❶ eスポーツ

❷ Xゲーム

❸ スポーツクライミング

❹ 3×3バスケットボール

A 55 = ④

KEYWORD メタバース

メタバースを巡るビジネスの1つが、仮想の土地や建物や商品などデジタル資産の取引で、企業の参入が相次いでいます。それらの資産が唯一無二の「本物」であることを証明するのがNFT（Non-Fungible Token＝非代替性トークン）と呼ばれる仕組みですが、複製を防ぐために使われているのがブロックチェーン（分散型台帳）技術です。データを無数の個人のコンピューターに分散して保存・管理し、暗号技術により履歴を鎖（チェーン）のようにつないでいくことで、データの改ざんを事実上不可能にします。

この技術は次世代のインターネットとして提唱されている「Web3（ウェブスリー）」（個人が権限を持ち自立分散的なサービスを可能にする概念）の中核になっています。

A 56 = ①

KEYWORD eスポーツ

eスポーツは対戦型オンラインゲームを競技として行うもので、世界ではソニーグループが出資した米エピックゲームズの「フォートナイト」などで高額な賞金がかかった大会が開かれています。日本では2022年、東京タワー（東京・港）や全国の商業施設などでeゲーム専用施設の開業が相次ぎました。23年9月に中国・杭州で開く予定のアジア競技大会（22年から延期）で正式種目となり、26年に名古屋で開く次回アジア大会でも採用予定。五輪種目への採用を働きかける動きもあります。

Xゲームは夏季はスケートボードやモトクロス、冬季はスノーボードやフリースタイルスキーなどエクストリーム（過激な）スポーツとも呼ばれる競技を複数、同時に実施するもので、22年に千葉市で日本初開催されました。23年も5月に開催予定です。

Q57 以下の食品・飲料の中で、2022年の販売金額がコロナ禍前の19年に比べ最も伸びたのはどれか。

❶ オートミール

❷ プロテイン粉末

❸ ノンアルコール飲料

❹ こうや豆腐

Q58 世界の製薬業界で以下の動きがある医薬品が対象にしているのはどれか。

・欧州のノボノルディスクなどが実用化
・日本で承認ならこの分野で30年ぶりの新薬
・世界市場は2028年に21年比約7倍の110億ドル超に成長の見通し

❶ うつ病

❷ 認知症

❸ 肥満症

❹ 不眠症

A 57 = ❶

KEYWORD オートミール

オートミールはオーツ麦を脱穀して食べやすく加工した食品です。欧米では朝食の定番ですが、日本では2020年4月ころ、ユーチューバーが調理方法を紹介したのをきっかけにSNS（交流サイト）で話題となり、販売が伸びました。日本経済新聞社が調査会社インテージのデータを基に19年1〜8月と22年1〜8月を比較しコロナ禍前より販売金額が増えた食品を調べたところ、オートミールは約13.2倍とトップでした。プロテイン粉末も伸びましたが85％増、ノンアルコール飲料は29％増でした。こうや豆腐はそれ以前のブームの反動と調理に手間がかかることが「タイパ」志向の中で受けず、減少率トップ（28％減）でした。

オートミールには21年に日本ケロッグ、22年にはアイリスフーズ（仙台市）やカルビーが参入しています。

A 58 = ❸

KEYWORD 肥満症

肥満は糖尿病や脂肪肝、高血圧などにつながり、医学的に減量が必要な状態が「肥満症」と定義されます。その治療は世界的な課題になっており、2021年に約16億ドルだった肥満症治療薬の市場は28年に約112億ドルと7倍に膨らむと予測されています。デンマークのノボノルディスクや米イーライ・リリーなど世界のメガファーマ（巨大製薬会社）が新薬の開発を競っています。欧米で既に実用化されているノボノルディスクの治療薬「セマグルチド」は日本でも肥満症治療薬として承認申請中で、承認されればこの分野で約30年ぶりの新薬になります。

ノボノルディスクもイーライ・リリーも、従来の糖尿病治療薬を転用して体重を減少させます。米ファイザーや日本の塩野義製薬も開発に取り組んでいます。

専門人材の不足感が強まる中、大企業で「(　　　)のネットワーク」への関心が高まっている。(　　　)に当てはまる言葉はどれか。

❶ 業界に関心を持つ就活生

❷ 海外の大学の卒業生

❸ 同じ業界のエンジニア

❹ 中途退職した元社員

左のデベロッパーが開発主体となっている東京都心の大型再開発プロジェクトとして、正しい組み合わせはどれか。

❶ JR東日本　——　東京ミッドタウン八重洲

❷ 東急不動産　——　高輪ゲートウェイシティ

❸ 森ビル　——　虎ノ門・麻布台プロジェクト

❹ 三井不動産　——　渋谷駅桜丘口地区再開発

A 59 = ④

KEYWORD アルムナイ

アルムナイ（alumni）はラテン語を語源とする英語で、本来は「卒業生」「同窓生」を意味する言葉ですが、専門人材の確保の目的で注目されているのが「アルムナイ・ネットワーク」で、定年以外の中途退職者（元社員）との交流組織などを指します。転職が一般的な米国で2000年代以降、コンサルタントやIT業界などで元社員を再雇用する動きが広がっており、退職者とのつながりを維持しようとSNS（交流サイト）上などでネットワークが広がっています。

日本ではIHIが22年、専用サイトを開設して技術・開発部門の元社員に登録を呼びかけ、副業などの形での協業や将来的な再入社の機会も探っています。リクルートやマイナビも22年、関連した支援サービスを始めました。

A 60 = ③

KEYWORD 東京都心再開発

虎ノ門・麻布台プロジェクトは東京都港区の約8万平方メートルの区域に高さ330メートルと現在日本最高層の大阪・あべのハルカスを上回る超高層ビルを建て、高級ホテルなども誘致するプロジェクトです。森ビルが開発し、2023年に「麻布台ヒルズ」として完成する予定です。都心のオフィスビルは新型コロナ禍で20年以降、新規開業が少なくなっていましたが、23年以降は再び大量供給期に入ります。

東京駅前の超高層ビル街区「東京ミッドタウン八重洲」は22年8月に完成、三井不動産が手掛けるプロジェクトです。「高輪ゲートウェイシティ」はJR東日本が20年開業したJR山手線の新駅周辺開発の第1期。渋谷駅桜丘口地区で大規模ビルを建設するプロジェクトは東急不動産ホールディングス傘下の東急不動産が手掛けます。

第 **4** 章

知識を知恵にする力

Induction

★ この評価軸の出題趣旨

「知識」として吸収した情報からルール・法則や共通性を見つけ出し、応用可能な「知恵」に変える力を測るのが、この評価軸の狙いです。いわゆる帰納法（Induction）に基づく推論力を試します。実際のビジネスの場面でも、複数の現象から「仮説」を構築する力は、大量にあふれる情報に付加価値をつけ、ビジネスに活用する基礎となります。この章ではまず、例題形式で出題パターンを紹介しながら、そこで浮かび上がるキーワードについても解説します。

Q61 → Q80

経済・ビジネスを動かす
共通点を見いだす

4 知識を知恵にする力

　この評価軸からは、考える力を測ります。前章までは、経済やビジネスで起きていることを「仕組み」として理解し、知識や情報として吸収することを目的にしてきました。本章では、この知識や情報をビジネス上の判断などに応用可能な「知恵」に変えることを目的にします。

　前のページにあった「帰納法に基づく推論力」とは、さまざまな事象から共通する要素を抽出し、グループ化して、そこからルールや法則を導き出す考え方です。出題形式としては大きく、個別の事象から結論を推測する（法則性の発見）形式と、複数の個別事象から共通のルールに該当するもの、しないものを探し出す（概念の抽出）形式があります。

　以下の2つの例題で、正解を導くための考え方について解説します。また、設問や選択肢の中の企業やキーワードの一部は前章までにも登場したもので、「知識を使う」ことを想定しています。

「知識を知恵にする力」のイメージ

> **例題1** **以下のデータや企業の動きに共通するキーワードはどれか。**
>
> ・関連する指標で日本が経済協力開発機構（OECD）加盟国中最下位
> ・総合商社や保険会社も参加し課題解決への産学組織が発足
> ・日本の乳酸菌飲料大手が発売した商品が2022年にヒット
>
> ❶ エイジテック
> ❷ スリープテック
> ❸ フードテック
> ❹ フェムテック

　前ページ下の図のように、事象A〜Cに共通するキーワードを探す問題です。問題文で3つの条件を挙げるのは、この評価軸の出題の代表的な形式です。

条件文に共通する「課題」を探す

　語尾に「テック」が付く選択肢のキーワードはいずれも、情報技術（IT）などテクノロジーを活用して課題を解決するビジネスのことです。最近、関連商品やサービスの市場が拡大し、「テック企業」と呼ばれる関連企業が増えています。「課題＋テック」の造語としてはこのほか、金融のフィンテック、教育のエドテック、農業のアグリテックなどがあります。

　例えば最初の選択肢の「エイジテック」は、高齢者が直面するさまざまな課題をテクノロジーで解決するもので、センサーを活用した高齢者の見守り、ロボット技術を活用した介護支援ロボットなどが思い浮かべやすいものです。スマホアプリを活用したさまざまなサービスに参入するスタートアップ企業も増えています。

　日本は既に超高齢社会ですが、世界的にはこれから急速に高齢化が進むため、エイジテックの市場規模は確実に拡大していきます。食料問題に関するフードテックなども含め、テクノロジーの力による社会課題の解決と

いうテーマからは、新しいビジネスが続々と登場しています。

　設問に戻ると、まず「日本の順位がOECD加盟国中最低」という最初の条件について考えます。「日本の順位が低い」という点では、日本が世界で146カ国中116位（2022年）だった、男女平等度を測るジェンダーギャップ指数（世界経済フォーラム＝WEF＝が毎年発表）が関連する「フェムテック」が浮かびます。女性特有の問題をテクノロジーで解決するフェムテックは女性の社会進出やジェンダー平等への関心が高まる中で、関連商品・サービスの市場が広がってきました。「商社や保険会社が参加した産学組織」という条件にも当てはまりそうに見えますが、3条件目の「飲料のヒット商品」に結びつく要素は見当たりません。

　冒頭に見た「エイジテック」は2条件目と3条件目には当てはまりそうに考えられますが、1条件目の「関連指標で最下位」には当てはまらなそうです。19年に男性が81.4歳、女性が87.5歳だった平均寿命、同じく72.7歳、75.4歳だった健康寿命（健康上の問題によって日常生活が制限されずに生活できる期間）ともに日本は世界最長クラスで、順位は高いはずです。

📰 「眠らない日本」睡眠時間はOECDで最下位

　以上の選択肢が排除される中で、共通して当てはまるのは、選択肢②の「スリープテック」です。OECDが加盟国中30カ国を対象にした2021年版の調査によると、日本人の平均睡眠時間は7時間22分と最下位で、全体平均の8時間24分とほぼ1時間の差がありました。米国のシンクタンク、ランド研究所は、「寝不足」による業務効率の低下やミスなどによる日本の経済損失は国内総生産（GDP）の約2.9％にあたる年15兆円にのぼると試算しています。

　こうした課題を背景に、寝具大手で睡眠科学に関する研究機関（日本睡眠科学研究所）も持つ西川（東京・中央）が事務局となり、筑波大学国際統合睡眠医科学機構のほか、伊藤忠商事、日本生命、東京海上日動、三井不動産、アシックス、カルビーなどが参加した産学組織「スリープイノベーションプラットフォーム」が22年3月に発足しました。睡眠デー

タや睡眠効果のエビデンスを収集・蓄積、分析し、睡眠サービス・商品開発に取り組むさまざまな企業が連携する基盤になることを目指しています。

📰 機能性飲料で大ヒット、家電やDXも

　3つ目の条件は、第3章入門解説の「日経MJ2022年ヒット商品番付」の項にも登場した、ヤクルト本社の乳酸菌飲料「ヤクルト1000」シリーズです。21年4月から全国発売していた「睡眠の質向上、ストレス緩和」をうたう機能性表示食品で、宅配食品を扱う同社サイトでは23年1月も新規申し込み休止が続きました。同社はこのヤクルト1000効果で23年3月期決算で最高益を予想、350億円を投資して千葉県に新工場を建設する計画も発表しました。他社では日清食品グループの日清ヨークも22年9月、睡眠の質の改善をうたう乳酸菌飲料を発売しました。

　以上のように食品・飲料分野での市場拡大が目立ちますが、下の表に挙げたように、空調世界最大手のダイキン工業をはじめ、家電などでも睡眠の質を改善する商品開発の取り組みが始まっています。

　デジタル技術の応用ではNTTグループが「睡眠」を軸としたヘルスケア事業を展開しています。NTT西日本は21年にパラマウントベッドと共同出資で「NTTパラヴィータ」を設立、専用センサーを寝具の下に敷いて睡眠状況を計測し、人工知能（AI）で分析し睡眠の質改善をアドバイスするサービスを始めています。

スリープテック関連商品・サービスの例（2021〜22年）

家電	ダイキン工業・京セラ＝空調制御と太陽光を再現した照明で快適に目覚めるシステムを開発 パナソニック＝入眠や目覚めに適した環境をつくるエアコンを発売
DX	NTT＝NTT東日本はスタートアップのブレインスリープ、NTT西日本はパラマウントベッドと組み、睡眠データ活用の新事業 サスメド（2021年旧マザーズ上場）＝不眠症治療アプリを開発
食品	ヤクルト本社＝「ヤクルト1000」増産へ千葉に新工場建設を発表 日清ヨーク＝乳酸菌飲料「ピルクル」に睡眠の質向上をうたう新製品 カルビー＝同社初の機能性表示食品「にゅ〜みん」を発売

（資料）日本経済新聞

> **例題2** 人工知能（AI）が関連する以下の企業の取り組みの中で、他の3つと目的が異なるのはどれか。
>
> ❶ 社員を一定期間、AI知識を学ぶ外部研修に派遣する。
> ❷ 熟練技術者のノウハウをAI化し、若手への技術伝承に活用する。
> ❸ 全社員がAI知識を学べるオンライン教材を無料提供する。
> ❹ AIを活用して社員一人ひとりに合わせたデジタル知識習得を促す。

　例題1は、3条件の共通点を探す形式でしたが、例題2は、4つの選択肢のうち3つの選択肢に共通する要素をつかみ、外れる選択肢を選ぶ形式です。こちらも、この評価軸での代表的な出題形式です。

選択肢に共通するキーワードを抽出

　共通する要素を抽出するために選択肢を眺めると、選択肢①と③は「AIが学ぶ対象」、②と④は「AIが学びの支援」、という分け方も思い付きますが、「3対1」には整理されません。

　ここで、「共通する要素の発見」の助けになるのが、普段、新聞などで接するニュースに共通する事象・背景・キーワードを意識しておくことです。4つの条件に共通するのは「学び」です。ビジネスに関連する学びに関して最近、大きなニュースが相次いでいるのが、「リスキリング（学び直し）」というキーワードです。

　DX（デジタルトランスフォーメーション）と呼ばれるデジタル対応があらゆる企業で課題になる中で、社員のデジタル教育に投資する動きが目立ってきました。新規事業についてはいわゆる「デジタル人材」の中途採用などで対応してきましたが、人材は不足。既存事業の見直しも迫られる中では、既に社内にいる人材のデジタル対応が迫られます。

　選択肢の表現はやや抽象化していますが、①③④は最近のリスキリングに関する企業の動きの典型的な事例からです。2022年に報じられた動きとしては例えば、「DX企業」への転換を急ぐ富士通が、国内グループ8万

人のリスキリングのために教育投資を4割増やし、必要なスキルを社員が選んで学べるメニューを拡充しました。

日立製作所は22年、「ジョブ型雇用」を全社員に広げる一環として、社員のリスキリングの場を拡充しました。同社ではAIが社員一人ひとりのスキルを把握し、将来必要になるデジタル知識などの習得を促す仕組みを構築しています。

政府も後押し、人材移動を成長戦略に

政府もこうした働く人の学び直しの動きを後押ししており、2022年秋の臨時国会の所信表明演説で岸田文雄首相は、リスキリング支援に5年で1兆円を投資するという計画を表明しました。下の日本経済新聞「きょうのことば」は、この動きに関連するニュースが報じられた際、掲載されたものです。

なお、政府が推進するリスキリングは、企業内における人材の再教育のほか、これにより成長産業への人材の移動を進め、日本経済全体の成長力を引き上げようという大きな狙いがあります。22年度の国の補正予算に

リスキリング（学び直し）　新たな技能で生産性向上

日本はリスキリングが遅れている

項目	日本	OECD平均
機会の柔軟性	0.1	0.45
市場ニーズとの整合性	0.15	0.57
学習の対象範囲	0.43	0.51

（出所）OECDの成人学習に関する調査。指標は1が最大値で大きいほど高評価

▷…企業が従業員らに仕事上の新たなスキル・技術を習得させること。職場でより高い成果をあげたり、需要の多い産業に移って新たな職に就いたりするのが目的。デジタル化などの社会の変化で仕事を失った人へのセーフティネットという面だけでなく、生産性向上や成長分野への労働移動を促して持続的な賃上げにつながる効果が見込める。

▷…企業がデジタル技術で業務を効率化するDX（デジタルトランスフォーメーション）を進め、専門人材の争奪が激しくなった。中途採用での確保に限界があるため、既存の社員を再教育する流れが強まっている。世界経済フォーラム（WEF）が2020年の年次総会（ダボス会議）で「30年までに全世界の10億人をリスキリングする」と宣言したことで注目が高まった。

▷…三菱総合研究所はデジタル化に伴う人材需要の変化で、雇用のミスマッチが30年に450万人にのぼるとの試算をまとめた。事務職などが余剰となる一方、デジタル人材が不足するとみる。経済協力開発機構（OECD）の19年調査では成人学習の機会の柔軟性で日本は0.1と加盟国平均の0.45（1が最大）を下回っておりリスキリングの拡充が急務となっている。

きょうのことば

2022年10月13日付日本経済新聞朝刊3面

は、リスキリングから転職まで一貫して専門家に相談できる制度の新設などが盛り込まれました。

📰 外れた要素には「技術継承」のキーワード

「リスキリング」のキーワードが共通する選択肢①③④に対し、選択肢②は、既存の業務のノウハウを「AIが」学習できるように見える化・体系化するものです。これまでは「師弟関係」を築いて長期にわたって引き継いできた作業を効率化するのが目的で、いわばOJT（職場内訓練）のAI化です。この選択肢の内容が他の3つと目的が異なるといえます。

例えば2022年11月、タイヤ世界大手の住友ゴム工業とNECが、従来は熟練の設計者とテストドライバーのコミュニケーションで成り立ち、伝承が難しかったタイヤ性能評価のノウハウをAI化し、技術伝承とともに若手設計者をより高度な技術開発に集中させていく、と発表しました。リスキリングとは異なりますが、製造業における人手不足と技術者の高齢化という課題を解決するためのAIの活用策の1つです。

以上の例題のように、複数の動きに共通する要素は、ビジネスの動きを報じるニュースに頻繁に登場するキーワードです。例題1の「ヤクルト1000」など、第3章「視野の広さ」で取り上げた知識も役立ってきます。次ページからはこの評価軸の代表的な出題形式による練習問題です。

⊕ リスキリング・リカレント教育・アップスキリング

リスキリングと似た用語で「リカレント教育」という言葉も使われます。ほぼ同義で使われることもありますが、リスキリングが主として企業が今後、必要となると考えるデジタル分野のスキルや技術を身につけさせることなのに対し、リカレント教育はいったん仕事を完全に離れて大学や専門学校で学び直すことを指します。似た言葉でアップスキリングは、現在担当している業務に関するスキルをより専門的に掘り下げていくことです。

以上と関連して「OFF-JT」という用語もよく使われます。職場外での教育訓練のことで、日本企業は伝統的に職場内訓練（OJT）が主で、OFF-JTへの取り組みは諸外国に比べ遅れてきました。

Q61 円安が業績や株価に与える影響がプラスの企業（A）とマイナスの企業（B）の組み合わせとして、最もふさわしいのはどれか。

❶ A＝キヤノン　　B＝カシオ計算機

❷ A＝コマツ　　　B＝ニトリホールディングス

❸ A＝スズキ　　　B＝アルプスアルパイン

❹ A＝ニチレイ　　B＝東京ガス

Q62 景気動向が株価に与える影響の仕方が、他の3社と異なると考えられる企業はどれか。

❶ NTT

❷ 日本郵船

❸ アステラス製薬

❹ JR東日本

A 61 ＝ ②

KEYWORD 円高・円安

為 替相場の円高・円安は輸出型・グローバル型企業から見ると、円高はデメリット、円安はメリットです。内需型企業から見ると、円高はメリット、円安はデメリットです。Aが輸出型・グローバル型、Bが内需型の企業の組み合わせを探します。

選択肢①のキヤノンとカシオ、③のスズキとアルプスアルパインはともに輸出型です。④のニチレイは冷凍食品で国内首位で、円安は原料高につながるのでマイナス、東京ガスも液化天然ガス（LNG）をドル建てで購入しているのでマイナスです。正解は②で、建設機械世界大手のコマツは海外売上高比率が8割を上回り、円安はプラス。一方、家具のニトリホールディングスは人件費の安い海外で生産し、輸入して低価格で販売するビジネスモデルをとるため、円安はマイナスです。

A 62 ＝ ②

KEYWORD 景気敏感株・ディフェンシブ株

株 式市場で、景気変動の影響を受けにくい銘柄をディフェンシブ株と呼びます。一般に電力・ガス、通信、鉄道、医薬品、食品など国内需要が多い業種の銘柄が中心です。一方で、景気変動の波を受けやすい銘柄を景気敏感株と呼び、海運、自動車、電機、機械、素材などが代表的な業種です。選択肢②の日本郵船は景気敏感株、①③④のNTT、アステラス製薬、JR東日本はディフェンシブ株の企業で、②が他の3社と異なります。

世界景気の先行き不透明感が強まったり、地政学リスクが高まったりすると、投資家がリスクを取りにくくなるリスクオフ相場となり、ディフェンシブ株が消去法的に買われます。一方、米中対立の緩和など、景気の先行きに楽観的な見通しが広がるリスクオン相場では、海運などの景気敏感株が買われる傾向があります。

Q63 以下の4社のビジネスに共通する経営のキーワードはどれか。

米アップル、米エヌビディア、
台湾積体電路製造（TSMC）、キーエンス

❶ 多角化展開

❷ 垂直統合

❸ 水平分業

❹ 製造業のサービス化

Q64 半導体の需給逼迫が2社とも業績の追い風になったと考えられる企業の組み合わせはどれか。

❶ ホンダ、パナソニック

❷ 任天堂、安川電機

❸ ファナック、ディスコ

❹ ローム、信越化学工業

A 63 = ❸

KEYWORD 水平分業

水平分業とは、技術開発や原料調達、組み立て工程などを、異なる企業が得意分野を生かして協力するビジネスモデルのことです。1つの企業がすべてを受け持つ「垂直統合」に比べて、設備投資の負担や事業リスクを軽減できるメリットがあります。「iPhone」の米アップルと、画像処理半導体の米エヌビディア、工場自動化（FA）用センサーのキーエンスは、自らは製品を製造しないファブレス企業です。台湾積体電路製造（TSMC）はファブレス企業から製造を受託する企業（ファウンドリー）で、「水平分業」がこの4社のビジネスに共通するキーワードです。

間違いの選択肢の「製造業のサービス化」は製造業が製品の販売にとどまらず、売った後も製品の付加価値を高める多様なサービスを提供することで、アップルとキーエンスには共通するキーワードです。

A 64 = ❹

KEYWORD 半導体不足

半導体不足は2021年をピークに解消してきましたが、電気自動車（EV）シフトが進む自動車を中心に長期的に需給逼迫が続く見通しです。選択肢①のホンダは半導体不足で車の減産を余儀なくされましたが、パナソニックもエアコンなどの生産に響き、ともに逆風になった企業です。選択肢②のうち任天堂も主力商品「ニンテンドースイッチ」の生産が滞りました。安川電機と選択肢③のファナックは産業用ロボットの大手で、やはり半導体不足が逆風になりました。①②③は当てはまりません。

選択肢④のロームは、EVシフトで自動車向け需要が拡大するパワー半導体が伸びています。信越化学工業は半導体シリコンウエハーで世界首位で、この組み合わせが正解です。③のディスコはウエハーを削る、磨く、切断する装置でやはり世界首位の企業で、同社には追い風です。

以下の企業の動きに共通する経営のキーワードはどれか。

- ソニーグループ：電気自動車（EV）参入でホンダと提携
- 西武ホールディングス：ホテルなどを投資ファンドに売却
- JAL：ヤマトホールディングスと組み航空貨物に再参入

❶ アセットライト

❷ コングロマリット

❸ プロダクトアウト

❹ リエンジニアリング

世界市場で上位4社のシェア構成が以下のグラフのようになっている製品はどれか。日本経済新聞社の2021年「主要製品・サービスシェア調査」から。

❶ ビール

❷ たばこ

❸ 画像診断機器

❹ 半導体製造装置

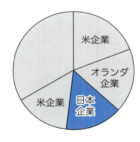

A 65 = ❶

KEYWORD アセットライト経営

アセットライト経営とは資産（Asset）の保有を抑えて、財務を軽く（Light）する経営のことです。ソニーグループの電気自動車（EV）参入は、自らは製造設備を持たずにホンダが車を製造。西武ホールディングスは全国にプリンスホテルやリゾート施設などの有形固定資産を2021年3月末で1.5兆円近く持っていましたが、これを売却して運営に特化する戦略です。JALは10年の経営破綻で貨物専用機を手放していましたが、ヤマトホールディングスがリース契約で導入した貨物機3機の運行をグループ会社が受託する形で航空貨物に再参入すると発表しました。

アセットライト経営は総資産利益率（ROA）や投下資本利益率（ROIC）などの指標を改善しやすく、保有する資産の劣化・陳腐化による損失リスクを自ら抱えないで済むメリットがあります。

A 66 = ❹

KEYWORD 半導体製造装置

日本企業が米欧企業に次ぎ3位というシェア構成に注目すると、正解は日本が比較的強い分野で、3位に東京エレクトロンが入っている半導体製造装置です。首位は米アプライドマテリアルズ、2位はオランダのASML、4位は米ラムリサーチという顔ぶれが上位4社の常連企業です。

画像診断機器でも日本のキヤノン、富士フイルムホールディングスが4〜5位に入りますが、それぞれシェアは10％未満です。ビールは首位がベルギーに本社を置くアンハイザー・ブッシュ・インベブ、次いでオランダのハイネケン、デンマークのカールスバーグ、中国の華潤ビールの順。たばこは中国の中国煙草総公司（CNTC）が40％以上のシェアを占めますが、英国のブリティッシュ・アメリカン・タバコ、米フィリップ・モリス・インターナショナルに次ぎ日本たばこ産業（JT）が4位に入っています。

世界の投資家に広がる「ESG投資」の手法による企業の評価ポイントとして、当てはまらないのはどれか。

❶ 生物多様性の重視

❷ 人材育成に関する方針の開示

❸ 不祥事への対応と予防策の拡充

❹ 国際基準による財務情報公開のグローバル化

以下のグラフは日本と米国の家計の金融資産構成を示す。A～Cの正しい組み合わせはどれか。2022年3月末時点、日銀の資金循環統計から。

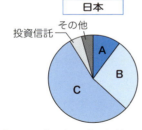
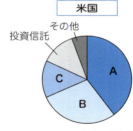

❶ A＝保険・年金等　　B＝株式等　　　　C＝現金・預金

❷ A＝株式等　　　　　B＝保険・年金等　C＝現金・預金

❸ A＝保険・年金等　　B＝現金・預金　　C＝株式等

❹ A＝株式等　　　　　B＝現金・預金　　C＝保険・年金等

A 67 ＝ ❹

KEYWORD **ESG投資**

ESG投資が評価するポイントは「非財務」です。生物多様性については、世界の生物種保護などを話し合った2022年12月の国連の生物多様性条約第15回締約国会議（COP15）に合わせ、機関投資家が企業に自然保護を求めるなどの動きがあります。環境（E）については脱炭素が主なポイントでしたが、生物多様性は新しい要素です。「人材育成」は、人的資本として注目を集めるテーマで、社員のスキルに対して適切な教育訓練のメニューをそろえているかなどが評価ポイントです。これは社会（S）の要素で、機関投資家が重視する情報として開示することが推奨されています。「不祥事への対応」は企業統治（G）の要素です。

国際会計基準（IFRS）によるグローバルな財務情報の公開は「財務」の要素なので、当てはまりません。

A 68 ＝ ❷

KEYWORD **家計の金融資産**

家計の金融資産は2022年3月末時点で2005兆円と1990年の1000兆円に比べ倍増しましたが、米国は同時点で115兆ドル（1ドル＝130円なら約1京5000兆円）と同じ期間に7倍近くになっています。

米国の金融資産の中で最大のAは、日本ではかなり低く3番目です。一方で米国では3番目にあたるCは、日本では半分を超え最大です。日本の金融資産の半分以上が現金・預金で保有されているという知識を当てはめると、米国のCは現金・預金です。日本では株式の比率が大きくないことを考えると、②の組み合わせが正しいと判断できます。

政府は24年1月に少額投資非課税制度（NISA）を恒久化し、つみたて型は現行の3倍の年120万円、一般型を2倍の年240万円に増やし、「貯蓄から投資」の流れを促そうとしています、

2022年の通常国会で成立した経済安全保障推進法の「4本柱」に当てはまらないのはどれか。

❶ 先端技術の研究開発支援

❷ 特定秘密の漏洩への処罰

❸ 基幹インフラの安全確保

❹ 非公開特許制度の導入

2022年までにあった以下の日本企業の動きの中で、背景が他の3社と異なると考えられるのはどれか。

❶ アイリスオーヤマ＝岡山に国内初の家電工場を新設

❷ キヤノン＝事務機器などの国内生産回帰を推進

❸ 資生堂＝ここ3年で国内工場を2倍の6カ所に増強

❹ ダイキン工業＝エアコンの中核部品を国内で内製化

A 69 = ❷

KEYWORD 経済安全保障推進法

経 済安全保障推進法の4本柱は、「重要物資の供給網強化」「先端技術の研究開発支援」「基幹インフラの安全確保」「非公開特許制度の導入」です。最初の柱に関して政府は2022年12月、同法に基づく「特定重要物資」として半導体、蓄電池、永久磁石、重要鉱物、抗菌薬、肥料など11分野を指定すると閣議決定しました。対象分野で国内の生産体制を強化し備蓄も拡充、そのための企業の取り組みには国が財政支援します。

選択肢にはこの項目がなく、当てはまらない「特定秘密の漏洩への処罰」が②として入っています。特定秘密とは国が保有する防衛、外交、スパイ防止、テロ防止の4分野の情報のうち漏洩すれば国の安全保障に著しい支障を与える恐れがあるもので、14年施行の特定秘密保護法で、公務員や民間事業者らが特定秘密を漏らした場合に罰則を科すと定めました。

A 70 = ❸

KEYWORD サプライチェーン

脱 中国依存のサプライチェーン見直しが選択肢のうち①②④の3社の動きに共通する背景と考えられます。アイリスオーヤマは中国で家電製品を生産してきましたが、サプライチェーン分散を目的に岡山県瀬戸内市に同社では国内初となる家電工場を設けると発表。キヤノンも事務機器を中心に高級機種の生産を国内に移管する方針を示しています。ダイキン工業は2023年度中に、有事に中国製部品がなくてもエアコンを生産できるサプライチェーンを構築します。背景には新型コロナ感染拡大で起きた都市封鎖や米中対立による供給途絶への懸念があります。

資生堂は19年に国内では36年ぶりとなる栃木県の那須工場を新設したほか、大阪と福岡でも新工場を稼働しました。越境ネット通販の普及などで日本製化粧品の人気が高まる中国などの需要に対応するのが目的です。

以下の小売店の施策に共通するマーケティング用語はどれか。

・阪急阪神百貨店：店頭にある商品を来店せずにオンラインで購入
・ユニクロ：アプリで注文した商品を最短2時間で店舗で受け取り
・ニトリ：検索した商品が店内のどこにあるかをマップ表示

❶ Webルーミング

❷ BOPIS

❸ D2C

❹ OMO

以下の条件にすべて当てはまる略語または造語はどれか。

・いわゆるZ世代の行動様式の1つと指摘
・動画投稿サイト「TikTok」人気の背景
・交流サイト（SNS）で話題になった商品が売れる傾向

❶ 推し活

❷ タイパ

❸ チル消費

❹ インフォデミック

A 71 = ④

KEYWORD　OMO

OMOはOnline Merges with Offlineの略で「オンラインとオフラインの融合」です。小売業におけるネットとリアルの連携に関する幅広い概念で、問題文に挙げた3つの事例のすべてに共通する用語です。阪急阪神百貨店の事例では、店頭で扱う商品とオンラインストアで扱う商品をシームレスに購入できるように、ウェブサイトをリニューアルしました。

正解以外の選択肢の用語でBOPISはBuy Online Pick-up In Storeの略で、ネット通販で購入した商品を店頭で受け取ることです。ユニクロの事例はBOPISの代表例です。D2CはDirect to Consumerの略で、メーカーが直接、自社サイトで消費者に商品を販売すること。こちらは当てはまる事例はありません。Webルーミングはネットで商品の詳しい情報を事前に調べ、オンラインでは購入せず、実店舗で買い求めることです。

A 72 = ②

KEYWORD　タイパ

タイパは第3章入門解説の「日経MJ2022年ヒット商品番付」の項にも登場した、「タイムパフォーマンス」の略語です。短時間動画（ショートムービー）を特徴とするTikTokは、最初の数秒がポイントとされます。交流サイト（SNS）で話題になった商品が売れる傾向は、「買い物に時間をかけたくない」というタイパ志向を映します。

「推し活」はアイドルやキャラクターを応援するため関連するモノやコトに支出するもので、Z世代に限らずシニアにも広がる消費の新しい動きです。「チル消費」は英語のchill out（落ち着く）が語源で、ゆっくり、まったりしたモノやコトに消費すること。こちらはZ世代に特有な傾向とされます。インフォデミックはネットにいわゆるフェイクニュースも含めた大量の情報が氾濫し、現実社会に影響を及ぼす現象のことです。

以下の企業の動きに共通するキーワードとして、最もふさわしいのはどれか。

・イケア・ジャパン：中古家具を買い取り販売
・モスフードサービス：代替肉のハンバーガーを提供
・コーセー：紙製容器を使った日焼け止めを発売

❶ サーキュラーエコノミー

❷ ミニマリスト

❸ エシカル消費

❹ ウェルビーイング

いわゆる「スマート農業」の事例として、ふさわしくないのはどれか。

❶「パワースーツ」を導入し高齢者や女性の就労を支援

❷ 自動運転トラクターが走行できるように農道を整備

❸ 割安な「ジェネリック農薬」を活用し生産コストを削減

❹ 土壌診断データベースを構築し科学的土づくりを推進

A 73 = ❸

KEYWORD　エシカル消費

エシカル消費のエシカルは「倫理」で、環境や人権、社会問題に配慮した商品を選ぶことです。最初の条件のイケア・ジャパンの事例は同社が「家具に第2の人生を与える」として展開する「サーキュラー・ハブ」で、サーキュラーエコノミー（循環型経済）の典型的な事例ですが、モスフードの事例は当てはまりません。必要最小限なモノを持つ「ミニマリスト」も共通しません。大豆由来の「代替肉」は温暖化ガス排出など環境負荷が大きい畜産物の消費削減につながり、コーセーの事例は、通常はプラスチックを使う容器を紙製にすることで、プラスチックの使用を減らします。共通して最もふさわしいのはエシカル消費です。

なお、ウェルビーイングは「心身の健康や幸福」のことで、人的資本を重視する最近の経営のキーワードになっています。

A 74 = ❸

KEYWORD　スマート農業

スマート農業とはロボットや情報技術（IT）、データなどを駆使して担い手の高齢化などの課題を解決し、農業生産を効率化していくことです。パワースーツや自動運転トラクターの活用はその典型例です。土壌診断とは土壌に不足する養分と過剰な養分を把握することで、従来の経験と勘に代わってデータに基づく土づくりをすることは、環境の保全と生産性の向上の両立にもつながり、スマート農業の重要な要素です。それぞれ、第3章の入門解説でも取り上げた日本の食料自給率を引き上げていくうえでも重要な取り組みです。

「ジェネリック農薬」は日本ではあまり使われていませんが、医薬品のジェネリックと同様、特許切れで価格が安く、生産コストのスリム化につながりますが、スマート農業の事例としてはふさわしくありません。

「ジョブ型雇用」を導入する動きに当てはまらないのはどれか。

❶ 異動や転勤などのジョブローテーション

❷ 多様な人材の活躍を促進するダイバーシティ経営

❸ 職種別採用枠の新設や拡大

❹ 仕事の内容を基準にした職務等級制度の導入

資源のグローバルな供給網に関連した以下の企業の取り組みで、目的が他の3つと異なるのはどれか。

❶ 自動車＝コバルトを使わないリチウムイオン電池を開発

❷ アパレル＝製品に使っていた中国・新疆綿を別産地に転換

❸ 化粧品＝原料のパーム油を生産する海外農園の労働者の生活環境を調査

❹ 水産＝世界各地から調達する海産物の資源状態の分析を第三者機関に依頼

A 75 = ❶

KEYWORD　ジョブ型雇用

ジ ョブ型雇用とは、働き手の職務内容をあらかじめ明確に規定して雇用する形態のことで、会社の業務に最適な人材を配置する仕組みです。日本でこれまで一般的だった「メンバーシップ型雇用」は社員にふさわしい仕事を割り当てる「人主体」の仕組みであり、新卒一括採用と終身雇用を標準とし、異動や転勤も伴うジョブローテーションを通じて人材を育てる仕組みでした。①の選択肢がジョブ型に当てはまりません。

　女性や外国人など人材の多様性確保を図るダイバーシティ経営はジョブ型雇用になじむと考えられます。職種別採用枠はジョブ型の特徴です。「仕事の内容を基準にした職務等級制度」は、メンバーシップ型の特徴である「職能資格制度」が社員の「能力」で格付けするのに対して、「仕事」で格付けする仕組みです。

A 76 = ❹

KEYWORD　人権デューデリジェンス

人 権デューデリジェンス（Due Diligence）とは、自社のビジネスの中に人権に関するリスクがないかどうかを調べ、リスクを抑えることです。リチウムイオン電池の電極材に使うコバルトの大半はコンゴ民主共和国で産出しますが、同国の鉱山では児童労働などの人権問題が指摘されています。中国の新疆綿（新疆ウイグル自治区産の綿花）は強制労働で作られた疑いがあり、人権の観点から問題があるとされます。化粧品の原料などに広く使われるパーム油はインドネシアとマレーシアで大半を生産しますが、やはり児童労働などの就労環境の問題が指摘されます。この3つの事例の目的は「人権デューデリジェンス」で共通します。

　日本の水産メーカーは世界各地から水産物を調達しますが、調査の目的は水産資源の保全や生物多様性の保護と考えられます。

以下のグラフは日本、米国、ドイツ、中国の発電電力量の電源別構成（2021年）を示す。A～D国の正しい組み合わせはどれか。

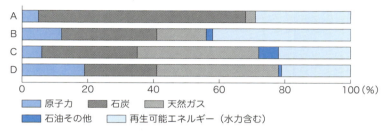

❶ A＝日本　　B＝ドイツ　C＝中国　　D＝米国

❷ A＝米国　　B＝日本　　C＝ドイツ　D＝中国

❸ A＝中国　　B＝ドイツ　C＝日本　　D＝米国

❹ A＝ドイツ　B＝米国　　C＝日本　　D＝中国

以下の再生可能エネルギーの中で、発電の安定性の観点から他の3つと異なるのはどれか。

❶ 水力

❷ 地熱

❸ 風力

❹ バイオマス

A 77 = ❸

KEYWORD 電源構成

天 然ガスの割合に注目すると、4カ国のうちC国とD国が4割近くを占め最大です。両国の原子力発電の割合を見るとD国は2割近くあり、原発依存度がこの時点で1割未満と低いC国が日本と分かります。A国とB国は再生可能エネルギーの割合が高いのが共通しますが、A国は石炭への依存度が突出して高く、中国だと分かります。B国はドイツ、D国はシェールガスの開発成功で世界最大の天然ガス生産国になった米国で、選択肢③が正しい組み合わせです。

日本は2011年の東日本大震災の前は原子力に25％程度、依存していましたが、大震災後、一時ゼロになりました。その分、天然ガス（液化天然ガス＝LNG）への依存度が高まりました。ドイツは脱原発（原発ゼロ）を目指し、メルケル前政権時代から廃炉を進めてきました。

A 78 = ❸

KEYWORD 風力発電

再 生可能エネルギーは発電コストが高いことが難点ですが、選択肢③の風力発電と、選択肢にない太陽光発電には、「発電の安定性」の面からの課題もあります。それぞれ天候に左右されるため、急に曇ったり風が弱まったりすると、出力が下がります。電気はつくる量と使う量が一致しないと、電力を送るシステムが不安定になり、大規模な停電（ブラックアウト）を引き起こす可能性が高くなります。

需要を上回って発電した場合もこの現象は起きるため、2018年には九州電力、22年には四国電力や東北電力など九州以外の4社も初めて、太陽光発電の事業者に発電の一時停止を求める「出力制御」を実施しました。この課題を克服するには、基幹送電線の強化による地域間の電力融通や、大型の蓄電池開発などが必要とされています。

日本でも実用化が始まった量子コンピューター技術の活用の具体例として、最もふさわしいのはどれか。

❶ 温暖化ガス増加による地球の気候変動の予測

❷ 鉄道ダイヤなど運行計画と乗務員シフトの自動作成

❸ 位置情報などビッグデータの分析による投資情報の提供

❹ 感染症流行対策に貢献する飛沫感染のシミュレーション

次世代インターネット「Web3（ウェブスリー）」の特徴に関する説明として、ふさわしくないのはどれか。

❶ 大手プラットフォーム企業が主導する。

❷ ブロックチェーンを基盤技術とする。

❸ デジタル資産を個人で管理・所有できる。

❹ 金融サービスの低コスト化につながる。

A 79 = ❷

KEYWORD 量子コンピューター

量 子コンピューターは「量子ゲート」と呼ばれる汎用的な方式の開発で米国のIBMやグーグル、中国勢が先行していますが、日本の富士通、NEC、日立製作所も「量子アニーリング（金属の焼きなまし＝annealing＝とよく似た処理を量子を使って行う）」と呼ぶ方式の開発で実用化を進めています。同方式の量子コンピューターが得意なのは「組み合わせ最適化」と呼ばれる分野で、選択肢からその条件に当てはまるものを探すと、②です。移動ルートの最適化による渋滞回避、生産、配送、在庫計画の最適化などのテーマの解決に活用が進み始めています。

選択肢①④はスーパーコンピューターが既に活躍している事例です。③はスパコンなども分析に使う、いわゆるオルタナティブデータ（代替データ）の活用事例です。

A 80 = ❶

KEYWORD Web3

W eb3とは、利用者がほぼ情報を受け取るだけの第1世代（Web1）、発信もする第2世代（Web2）に続く、第3世代のインターネットという意味です。データを特定企業のサーバーではなく、無数の個人のコンピューターに分散して保存・管理するブロックチェーン（分散型台帳）技術を基盤としており、プラットフォーム企業にデータを委ねるのではなく、個人が管理・所有することが可能になったのが特徴です。

非代替性トークン（NFT）や分散型金融（DeFi＝Decentralized Finance）はこのWeb3上に構築された技術・サービスで、DeFiは銀行などの仲介者を使わずに、利用者同士が直接、金融サービスを提供したり、利用したりできる仕組みです。「大手プラットフォーム企業が主導」してきたのはWeb2の特徴で、①の選択肢がふさわしくありません。

第5章

知恵を活用する力
Deduction

★ この評価軸の出題趣旨

前章では「知識を知恵にする」力を試しましたが、この章ではその「知恵」や、知っておくべきルールを個別の事象に適用し、結論を導き出す力を問います。いわゆる演繹法（Deduction）に基づく推論力を試す狙いの問題です。ある事象が起きたときに原因や結果を推論したり、ある条件が与えられたときの対応策を考えたりする問題が多くなります。前章と同じく、まず例題の形で解答の導き方を考えながら、取り上げたテーマについても解説します。

Q81 → Q100

因果関係をつかみ
先を読む力を鍛える

5 知恵を活用する力

　第4章では、経済・ビジネスで起きている事象の共通項を見つけて、正解を導きました。この章では「知恵」として知っておくべき一般論（原則、ルール）を個別の事象に当てはめて、正解を導きます。

　「演繹法に基づく推論力」は、ある事象（下図の事象X）に対して、既知の知識と知恵（下図の一般論Y）を当てはめて、結論Zを導きます。出題形式としては、「事象Xと結論Zが示されていて、その結論を導く一般論Yを推論する」形式や、「結果Zを提示しておいて、一般論Yからの推論で、事象X（原因）を特定する」形式もあります。

　ビジネスの場面では、ある事象が起きたときにその結果を予測したり、原因を遡及したり、望ましい結果を得るにはどのような施策をとるべきかを考えたりすることが多くあります。理由や根拠に基づき説得力ある結論を導く、論理的思考力を測る問題です。2つの例題で解説します。

> **例題1** 一般に、金（ゴールド）の国際価格が上がる材料になると考えられるのはどれか。
>
> ❶ 米国の利上げに打ち止め感が出る。
> ❷ 中国の経済成長率が低迷から脱する。
> ❸ 国際商品市場で銅の価格が上がる。
> ❹ 新型コロナ感染症の流行に終息宣言が出る。

　経済について、「因果関係をつかみ、先を読む力」を最も発揮しやすいのが、為替、株式、国際商品など金融マーケットの動きです。本書の例題解説でも毎年、取り上げてきました。その基本として覚えておきたいのが、「リスクオン」と「リスクオフ」です。

お金の流れ、「リスク」と「米金利」が左右

　リスクオンは、経済に明るい見方が広がり、株式や商品など値動きが大きい「リスク資産」にお金が集まる局面のことです。ここでいう商品とは原油や銅など国際市場で取引される資源です。そのほか、世界経済拡大の恩恵を受ける「新興国通貨」も買われやすくなります。

　リスクオフはその反対で、経済の先行きへの不安が高まると、リスクオンの局面で買われるリスクの高い資産は、値下がりを懸念し、売られます。そのお金は比較的安全と考えられる資産（安全資産＝リスクオフ資産）に向かいます。例えば2020年春の新型コロナの感染拡大以降はしばらく「リスクオフの株安」が続きましたが、同年秋にワクチン開発成功で感染鎮静の見方が広がると「リスクオンの株高」になる動きがありました。

　21年までの世界的なお金の動きは以上の「リスクオン」「リスクオフ」でだいたい説明できたのですが、22年になるともう1つの要因が改めて浮上しました。世界の国内総生産（GDP）の4分の1を占める米国経済がコロナ危機から回復する中で物価上昇が進み、それまでほぼゼロ％に抑えられていた同国の政策金利の引き上げが始まったことです。3月にそれま

での0〜0.25％から0.25〜0.5％に引き上げられた後、インフレの加速から大幅な利上げが続き、12月には4％を上回りました。

お金は金利の高い通貨に集まります。米国でほぼゼロ金利の状態が続いている局面では、多少リスクはあっても金利が高い新興国（例えばトルコやブラジル、アルゼンチンなど）にお金が集まりますが、米国の金利が高くなればドルに戻ります。

安全資産の金、米金利動向にも敏感

ここで、今回の例題のテーマになっている「金（ゴールド）」です。まず金は自身に価値があり、リスクオフの局面で買われる代表的な安全資産です。コロナ危機で世界経済が冷え切った2020年には1トロイオンス＝2000ドルを超えるなど、歴史的高値が続きました。一方で、金は金利に敏感な商品でもあり、特に米国の金利が低い局面で買われ、金利が高い局面では売られます。20年は米国の政策金利がほぼゼロでしたが、22年は米金利の上昇とともに一時、1700ドルを下回る局面もありました。

グラフは、22年12月1日に金価格が節目となる1トロイオンス＝1800ドル台を3カ月半ぶりに回復したことを伝えた日本経済新聞の記事からです。米連邦準備理事会（FRB）が利上げペースを減速するとの見方から長期金利（米10年債の実質利回り）が低下する一方で、金価格は大きく上昇しました。利上げの減速は米景気の先行きの「冷やしすぎ」を懸念したものなので、不況への警戒感からの「リスクオフの金買い」という要因もあります。

例題の選択肢に戻ると、選択肢②の「中国の経済成長率が低迷から脱する」は、リスクオフ資産の金価格には下落要因です。③の銅については第1章練

金価格は足元で大きく上昇

2022年12月3日付日本経済新聞朝刊11面

習問題のQ20でも見ました。「銅価格の上昇」は世界景気が拡大する先行指標といえるので、金価格には下落要因です。④の新型コロナウイルス感染症の流行についても、例えば世界保健機関（WHO）がパンデミック（世界的大流行）に終息宣言を出せば、リスクオフ資産の金にとってはやはり価格が下がる要因になると考えられます。

残る選択肢①の「米国の利上げ打ち止め感」は前ページのグラフと同じ局面であり、金価格上昇の材料になると考えられます。これが正解です。

ただし、相場の動きは複雑なので、利上げの打ち止めがインフレ退治の成功を意味し、米景気が再び力強く上昇するリスクオン局面になると受け止められれば、金価格には下落要因になる可能性もあります。

23年1月の金価格は、米国の消費者物価指数の上昇率鈍化や景気悪化懸念から一時、1トロイオンス＝1900ドルを超えて推移しました。

📰 「リスクオフの円高」は戻るか

金の価格については以上ですが、日本の円も2021年まではリスクオフ資産（安全通貨）とされ、「リスクオフ局面なら円高」が一般的な動きでした。22年に入って利上げを進める米国とマイナス金利を続ける日本の金利差が拡大するのに伴い、「リスクオフでもリスクオンでも円安」の状況が続きました。

23年の米国経済が「軟着陸」に失敗したり、日米の金利差が縮小する局面があれば、「リスクオフの円高」が戻る可能性もあると考えられます。

⊕ 金と原油の単位

金など貴金属の取引単位に使うのが「トロイオンス」という単位です。中世に商業拠点として栄えたフランスの都市トロア（トロイエス）に由来し、1トロイオンス＝31.1035グラムと定められています。金の国際価格はニューヨーク商業取引所（NYMEX）の先物相場の価格を指します。同取引所では米国産の原油の標準油種であるWTI（West Texas Intermediate）の先物も取引し、これが原油価格の指標。原油価格の単位はバレル（木製のたるが由来）で、1バレル＝約159リットルです。

> **例題2** 日本の労働生産性が1人当たり、時間当たりともに国際的に
> 低迷している理由として、当てはまる記述はどれか。
>
> ❶ サービス業に比べ製造業の生産性が低い。
> ❷ 女性や高齢者の労働参加率が低迷している。
> ❸ 生産性が高い米国などと比べ労働時間が長い。
> ❹ 成長分野に人材が移動する雇用の流動性が低い。

　2つ目の例題は、ある事象が起きている理由として当てはまる選択肢を
考えるもので、この評価軸での出題の典型的なパターンの1つです。労働
生産性とは、従業員1人当たり、または時間当たりで生み出した付加価値
の金額のことで、労働生産性が高ければ、少ない人数と時間で効率的に稼
げていることを意味します。日本の労働生産性については、公益財団法人
日本生産性本部が毎年、経済協力開発機構（OECD）加盟国内で比較した
ランキングを発表しています。計算方法は、1人当たりは「国内総生産
（GDP）÷就業者数」、時間当たりは「GDP÷（就業者数×労働時間）」で
す。為替変動の影響を受けないように、分子のGDPは購買力平価（PPP
＝Purchasing Power Parity）によりドル換算した金額を使います。

🗞 時間当たり、1人当たりとも2021年は過去最低順位

　上記で計算した日本の労働生産性は、就業者1人当たりで8万1510ド
ル（818万円、PPP換算）。就業1時間当たりでは49.9ドル（5006円、
同）でした。OECD加盟38カ国の中の順位で見ると、1人当たりでは29
位、時間当たりでは27位と、それぞれデータが取得可能な1970年以降、
最も低くなりました。

　図表5-1は「時間当たり」の労働生産性の順位です。「1人当たり」のラ
ンキングもあり、アイルランド、ルクセンブルク、ノルウェーは1人当た
りで見ても上位3カ国です。グラフにある時間当たりで7位と主要7カ国
（G7）で最も高い米国は、1人当たりでは4位でした。時間当たりでデン

[図表5-1] OECD加盟国の時間当たり労働生産性（2021年）

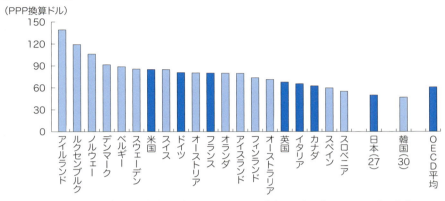

（資料）日本生産性本部「労働生産性の国際比較2022」から作成。日本と韓国のカッコ内は順位

マーク、ベルギー、スウェーデンを下回るのは、米国の労働時間がこれらの国々より長いためです。

日本と米国を比較すると、グラフにある時間当たりで日本は米国の59％、1人当たりでは同53％にとどまりました。1990年時点ではそれぞれ同69％、80％だったので、この30年あまりの間に時間当たりで10ポイント、1人当たりでは27ポイントも差が開いたことになります。日本の労働生産性は時間当たり、1人当たりともG7の中では最低です。

分子＝付加価値を上げる産業への人材移動が必要

選択肢①は製造業とサービス業の生産性の比較に関する記述です。日本生産性本部は前年までの製造業の労働生産性ランキングも発表しており、2020年の日本は1人当たり9万2993ドル（1011万円、PPP換算）で18位でした。フランスや韓国とほぼ同水準ですが、米国に比べると約6割と高くはありません。とはいえサービス業の生産性はもっと低い水準にあり、日本のGDPの約7割を占めるサービス業の生産性向上が必要です。

選択肢②の女性や高齢者（65歳以上）の労働参加率については、冒頭に挙げた生産性の分母と分子の関係で、1人当たりに関しては分子が同じなら、女性や高齢者の労働参加率が低いほうが労働生産性は高くなるはず

です。事実関係として、日本の就業者は12年ころから10年あまりで500万人近く増加しています（図表5-2参照）。この間、生産年齢人口（15〜64歳）は減少を続けているので、女性と高齢者の労働参加が就業者数を押し上げました。パートやアルバイトなど正社員より賃金が安い非正規の働き手が多いため、時間当たり労働生産性の低下にもつながります。

［図表5-2］日本の労働力に関する指標の推移

（資料）厚生労働省

　選択肢③の長い労働時間は一見、日本の特徴に思えますが、働き方改革などの効果もあって、日本の労働時間は短くなっています。経済協力開発機構（OECD）によると、日本の21年の平均労働時間は1607時間。G7の中で見るとドイツ（1349時間）や、約1500時間の英国、フランスよりは長いものの、米国（1791時間）よりかなり短く、カナダやイタリアよりも短くなっています。

　以上の選択肢を排除すると、残るのは選択肢④です。労働生産性を高めるには結局、分子にあたる付加価値を上げる必要があります。日本は付加価値の高い産業への人材の流動性が乏しく、その理由の1つが第4章の例題解説でも取り上げた職場外での教育訓練など人材への投資の不足です。また、米国の生産性の高さの理由の1つに、卸売業・小売業のネット化や大型化があります。DX（デジタルトランスフォーメーション）導入も生産性を上げる手段です。

　この評価軸では、設問された問題に関する大きな流れ（一般論）をつかんでいるかが問われます。以下からは最後の練習問題20問です。この評価軸の代表的な出題形式に沿って出題していきます。

2022年の米国の政策金利引き上げにより起きたこととして、当てはまらないのはどれか。

❶ 米国のインフレ率鈍化

❷ 為替相場の円安ドル高

❸ 中国の金利引き下げ

❹ 暗号資産(仮想通貨)の暴落

日本の金融緩和策の修正が業績のプラス要因になる業界はどれか。

❶ 不動産

❷ 銀行

❸ 鉄道

❹ 電力

A 81 = ❸

KEYWORD 米金利

米国の政策金利は2022年、合計7度にわたり、4%以上に引き上げられました。一時前年同月比9%台だった消費者物価上昇率が12月に6%台に鈍化したのは利上げの目的通り。日米金利差の拡大で為替相場も一時1ドル＝150円を超す円安ドル高になりました。暗号資産（仮想通貨）は暴落し、交換業大手のFTXトレーディングが11月に経営破綻したのも、金利上昇により資金が米国債などに移動したことが背景です。

中国の中央銀行、中国人民銀行は22年、事実上の政策金利にあたる最優遇貸出金利（ローンプライムレート）を3回にわたり引き下げましたが、これは自国の景気テコ入れを優先したものです。金利を下げると金利差が開き、通貨（人民元）が下落します。ブラジルやアルゼンチンなどの新興国は、トルコを例外に政策金利を引き上げています。

A 82 = ❷

KEYWORD 金利上昇

金融緩和策の修正」は、大規模な異次元金融緩和政策をとってきた日本にとっては、金利水準の上昇を意味します。不動産、鉄道、電力は借り入れへの依存が高い業界です。借入金の金利が上昇するだけでなく、従来は超低金利が続く中で有利な条件で発行できた社債による資金調達にも向かい風が吹きます。

一方、銀行業界から見ると、貸出金利の上昇により利ザヤが改善するので、業績にはプラスです。2022年12月20日、日銀が長期金利の変動幅を0.25%から0.5%に引き上げる政策修正を発表すると、3メガバンクや地方銀行の株価は大きく上昇しました。もっとも、金利上昇で景気が悪化すると取引先の業績悪化から貸倒引当金を積み増すなどの対応も考えられ、すべての銀行にプラスというわけではありません。

自動車の電動化が進むことによる影響として、正しいのはどれか。

❶ 自動車産業を育成途上の中国やインドにとって不利だ。

❷ 1台の車に使う半導体の使用量が半減するといわれる。

❸ 巨大自動車部品メーカーの影響力は弱まっていく。

❹ 既存の自動車メーカー以外の参入障壁が低くなる。

米国が主導し2022年に発足したインド太平洋経済枠組み（IPEF）について、正しい説明はどれか。

❶ 中国にも参加を要請した。

❷ 半導体などの供給網構築での連携を柱の1つにした。

❸ メガFTA並みの関税削減を目指すことで合意した。

❹ 環境保護や人権にかかわる分野は対象外にした。

A 83 = ④

KEYWORD 自動車の電動化

自動車産業は高度な産業の集積を必要とし、特にエンジンの開発・製造は後発国にとって、ハードルが高いものでした。それが電気自動車（EV）になると、動力源はモーターとなって、全体の部品点数も少なくなります。中国やインドなど自国の自動車産業の育成に苦労してきた国にとっては、いわゆるリープフロッグ（Leapfrogging＝カエル跳び）で日米欧メーカーに追いつくチャンスとなります。

その中で従来は完成車メーカーの陰の存在だった巨大自動車部品メーカー（メガサプライヤー）の影響力は強まります。全体の部品点数は半減するといわれますが、使用する半導体の数は倍増するといわれます。以上に関する①②③の選択肢の記述は間違いで、既存の自動車メーカー以外が参入する障壁が低くなる④が正解です。

A 84 = ②

KEYWORD IPEF

IPEF（インド太平洋経済枠組み）は第2章の入門解説でも取り上げました。バイデン米大統領の呼びかけにより経済分野の協力を深める目的で2022年5月、日米韓などで発足した新しい経済圏構想のことです。インド太平洋地域で影響力を増す中国に対抗するのが目的であり、中国の参加は想定していません。米国も主導した経済の枠組みとしては環太平洋経済連携協定（TPP）がありますが、発効前に脱退したトランプ前政権に続きバイデン政権も自国産業保護のためモノの関税の削減に慎重なため、IPEFでも関税削減は協議しません。逆に、環境保護や人権問題などは協議対象にしています。

以上に関する選択肢の記述は間違いで、正解は②の半導体などの供給網（サプライチェーン）構築での連携です。

Q85 2022年11月にエジプトで開いた国連気候変動枠組条約第27回締約国会議（COP27）で新たに合意されたと考えられる事項はどれか。

❶ 気温上昇抑制目標の緩和

❷ 気候変動被害を受けた途上国を支援する基金の設立

❸ 石炭火力をすべての国で廃止する年限の明示

❹ 先進国の温暖化ガス排出削減目標の上積み

Q86 政府が2022年12月に取りまとめたGX（グリーントランスフォーメーション）に関する基本方針に盛り込まれた内容でないのはどれか。

❶ 再生可能エネルギーを最大限活用する。

❷ 原子力発電への依存度は段階的に引き下げる。

❸ 東日本と西日本をつなぐ周波数変換所を増強する。

❹ 化石燃料を輸入する石油会社などに賦課金を課す。

A 85 = ❷

KEYWORD COP27

COP（コップ＝Conference of the Partiesの略）という言葉をニュースでよく聞きますが、「締約国会議」という意味で、「COP27」は国連気候変動枠組条約の27回目の会議のことです。他の条約でも開かれており、例えば生物多様性条約について2022年に開いたのは「COP15」でした。気候変動に関する最近の節目は15年にパリで開いた「COP21」で、「産業革命前からの地球の気温上昇を2度より十分低く保ち、1.5度に抑える努力をする」という目標を採択しました。

22年のCOP27はロシアのウクライナ侵攻によるエネルギー危機の中で開かれた会議なので、化石燃料の利用の停止・減少を巡っては目立った合意はありませんでした。最大の争点となったのは気候変動による被害を受けた途上国の「損失と被害」に関する基金の創設で、23年に詳細を詰める交渉を行う予定です。②の選択肢が正解です。

A 86 = ❷

KEYWORD GX基本方針

GX基本方針は今後10年間のエネルギー安定供給と脱炭素社会の実現に向けた政府の施策をまとめたものです。その中で原子力発電については「将来にわたって持続的に活用する」と明記し、廃炉が決まった原子力発電所を建て替え、運転期間も現在の最長60年から安全審査で停止していた期間などに限り、延長できることにしました。東日本大震災以来、原発の新増設・建て替えを「想定しない」としてきた政策からの大きな転換です。「段階的に引き下げる」のは従来の方針で、②の選択肢の記述が盛り込まれた内容と異なります。

東日本と西日本をつなぐ周波数変換所は送電網の強化、化石燃料を輸入する石油会社などへの賦課金はいわゆるカーボンプライシング（炭素の価格付け）で、GX基本方針に盛り込まれています。

以下は米国、日本、英国、イタリアの国内総生産（GDP）に占める企業の人材投資（職場内訓練＝OJT＝を除く）の割合を示す。日本はどれか。

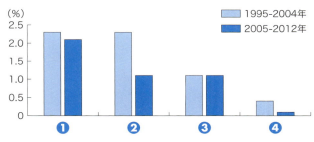

GDPに占める企業の人材投資（OJT以外）

（資料）経済産業省「持続的な企業価値の向上と人的資本に関する研究会報告書」（2020年）

日本の人口・世帯について、いわゆる「2025年問題」で起きることはどれか。

❶ 総人口に占める外国人の割合が2％を超える。

❷ 生産年齢人口（15〜64歳人口）が60％を割る。

❸ 後期高齢者（75歳以上）が人口の20％に近づく。

❹ 単身世帯が30％を超え世帯構成の中で最多になる。

A 87 = ④

KEYWORD 人材投資

人材投資とは、社員に対する職場外訓練（OFF-JT）に投じる能力開発費のことを指し、日本はこの水準が極めて低いことが、労働生産性の低迷にもつながっています。グラフの①は米国、②は英国、③はイタリアで、グラフにないドイツやフランスも国内総生産（GDP）の1～2％の水準で推移しており、日本は突出して低くなっています。「人的資本経営」の観点からはこの比率の引き上げが喫緊の課題です。

日本のOFF-JT比率が低いのは、いわゆるメンバーシップ型雇用のもとで、職場内訓練（OJT）が社員教育の中心だったためです。2022年度の政府の「経済財政白書」は、日本の就業者についてリスキリング（学び直し）の効果を検証し、OFF-JTや自己啓発によって年収が約7％増えるとの分析を示しました。

A 88 = ③

KEYWORD 2025年問題

2025年問題とは、1947～49年生まれの団塊の世代が全員、75歳以上になることです。総人口に占める外国人の割合は2020年の国勢調査時点で2.2％で、既に2％を超えています。生産年齢人口（15～64歳人口）の割合は20年調査時点で59.5％と、既に60％を割りました。単身世帯の割合は20年調査時点で既に38％でした。

75歳以上の割合は20年調査時点で14.7％でしたが、22年から24年にかけての団塊の世代の後期高齢者入りで急増し、25年には20％に近づきます。65歳以上の高齢者は20年調査段階で28.6％でした。こちらは25年には30％を超えます。日本の高齢者の割合は世界で最高（200カ国・地域中）です。また、15年調査の時点で既に75歳以上の人口が14歳以下の人口を上回っています。

210

政府が進めている世代間の負担の偏りを抑える「全世代型社会保障」で、実施または検討している内容と異なる記述はどれか。

❶ 育児休業取得時の雇用保険などからの給付を拡充する。

❷ かかりつけ医の機能を法律に明記し制度化する。

❸ 後期高齢者の一部の医療費の負担割合を上げる。

❹ 短時間労働者の厚生年金への加入条件を厳しくする。

2021年度から施行された改正高年齢者雇用安定法で、企業の努力義務となったのはどれか。

❶ 従業員が70歳になるまでの就業機会の確保

❷ 定年後に再雇用したシニアの給与や権限の引き上げ

❸ 能力のあるシニアを公平に処遇する人事制度の構築

❹ シニアの豊富な経験を生かせる人事配置

A 89 = ④

KEYWORD 全世代型社会保障

社会保障は年金、医療、介護など高齢者が利用し給付を受けるものが中心でしたが、「全世代型社会保障」は子育て支援など現役世代が利用し給付を受けられるものを増やすとともに、制度の担い手（負担）も全世代に広げる政策です。育児休業給付金の拡充は前者です。2022年10月から所得の高い後期高齢者の医療費の窓口負担割合を1割から2割に引き上げたのは後者です。「かかりつけ医制度化」は患者がまずかかりつけ医に行くようにし、大病院と役割を分担することで医療費抑制につなげるもので、全世代型社会保障構築会議が提起し議論が始まりました。

短時間労働者の厚生年金加入については、対象企業の要件を撤廃して多くの労働者を手厚い社会保障に加えて安全網（セーフティーネット）を広げる検討が進んでいます。④の選択肢の記述が間違っています。

A 90 = ①

KEYWORD 高年齢者雇用安定法

高年齢者雇用安定法の改正法は2021年4月から施行されました。社員が70歳になるまで就業機会を確保するよう企業に求めるもので、企業は定年制を廃止するか、定年を繰り下げるか、定年後に契約社員などで再雇用し継続雇用を続けるか、などの対応をとる必要があります。現在は罰則規定のない努力義務にとどまっており、定年を廃止したり70歳を定年にしたりする企業はまだわずかです。

なお、シニアの処遇については法で定めていませんが、一部企業では定年前と同様の仕事で賞与査定がある仕組みを設けるなどの取り組みは出てきました。70歳までの就業確保は主に、働き手の確保や働く健康な高齢者を増やすことによる社会保障費抑制が目的ですが、やむを得ずの雇用ではなく、シニアのやる気と生産性向上を引き出す仕組みも求められます。

デジタルトランスフォーメーション（DX）に取り組む企業の対応として、最も適切と考えられるのはどれか。

❶ 業務システム構築では部門ごとでなく全社での標準化を優先する。

❷ 商品開発では顧客からの情報より、独創的な発想や技術を重視する。

❸ 全社のDX投資額を精査し、売上高に占める投資比率を下げる。

❹ 全体方針にトップは口を出さず、各部門の担当者に全権を委任する。

企業と顧客との関係性を示す指標「LTV（顧客生涯価値）」を向上させる施策として、最も適切なのはどれか。

❶ 頻繁に割引キャンペーンを実施し、購入頻度を増やす。

❷ ネットの閲覧履歴から、購入につながりそうな消費者に商品情報を配信する。

❸ 初めての利用者限定の割引クーポンを提供し、顧客を獲得する。

❹ ブランドのファンを対象に会員組織をつくり、要望を商品開発に生かす。

A 91 = ❶

KEYWORD **DX経営**

D Xについては、経営トップが必要性を認識し、デジタル部門を設置するなどの取り組みは進んでいるものの、実際の変革にはつながっていないとの指摘があります。選択肢の内容は経済産業省がまとめた「DX推進指標」に基づくものです。業務システムの構築における部門を超えた「全社最適」はDX実現において企業に求められるポイントで、全社での標準化を優先する選択肢①の記述が最も適切と考えられます。

「顧客視点での価値創出」も重要なポイントであり、選択肢②の記述はその逆です。③については、投資額の精査は必要ですが、多くの日本企業では投資拡大が課題です。④の是非は①の全社最適に通じるもので、DXでビジネスモデルや業務プロセスなど企業文化を変革していくには、全体方針への経営トップのコミットメントが重要です。

A 92 = ❹

KEYWORD **LTV**

L TVは1人の顧客が企業やブランドと取引を始めてから終えるまでの間に、企業にもたらす利益の総額を指します。他社にはない独自の価値を提供し続けることで自社ブランドのファンになってもらい、複数回にわたり取引が続くことが、中長期的な利益の創出につながります。一般に、新規顧客を獲得するコストは既存顧客の維持にかかるコストの5倍とされます。LTV向上は既存顧客を維持・拡大する施策です。特にサブスクリプション（定額課金）のビジネスで重視される指標です。

以上から見ると選択肢②と③は新規顧客の獲得策です。①は割引時だけの関係となり、顧客との関係性は希薄です。選択肢④はいわゆるD2C（ダイレクト・ツー・コンシューマー）のビジネスモデルでも典型的にみられる、顧客との信頼関係を築くLTV向上策です。

93 2022年度からプライム、スタンダード、グロースの3区分となった東京証券取引所に関する記述として、正しいのはどれか。

❶ プライム上場企業は取締役会の3分の1以上を社外取締役にすることが求められた。

❷ プライムへの上場企業数は1000社を切り、旧東証1部の半分以下になった。

❸ 旧マザーズ上場企業はスタンダード市場に移った。

❹ 東証株価指数（TOPIX）の算定対象を全上場企業にし、流動性が低い株も対象にした。

94 株式市場でPBR（株価純資産倍率）やPER（株価収益率）が相対的に高い「グロース株」より相対的に低い「バリュー株」が評価される局面はどれか。

❶ 技術革新により将来の成長期待が高まる。

❷ 中央銀行が政策金利を引き上げる。

❸ 景気が上昇局面から下降局面に入る。

❹ 原油など資源価格が大幅に低下する。

A 93 = ❶

KEYWORD 東証改革

東 証改革は、海外市場に比べ突出して多かった最上位市場（旧東証1部）への上場企業を株式の取引のしやすさ（流動性＝流通株式の時価総額100億円以上）などで絞り込み、海外からの投資を呼び込むのが大きな狙いですが、2022年4月時点では経過措置もあり、プライム上場数に大きな変化はありませんでした。この大きな流れから考えると②は排除され、③はスタンダードではなくグロース市場です。④の東証株価指数（TOPIX）については従来は旧東証1部の全銘柄を対象にしていたところ、流動性が低い株式は除いていく改革を進めています。

プライム市場は企業統治について、より高いガバナンス水準を備えることを求めています。「3分の1以上を社外取締役に」というコーポレートガバナンス・コード改訂版への対応が上場の要件になっています。

A 94 = ❷

KEYWORD バリュー株とグロース株

バ リュー株は、利益や資産から導かれる企業の価値に比べて株価が割安な銘柄を指します。PBRが1倍を下回る銘柄などです。バリュー株が評価されるのは、インフレ率が上昇し、金利が引き上げられる局面で、選択肢②の記述が当てはまります。金利上昇局面では一般に株価は下がりますが、バリュー株の下げ幅は比較的小さい傾向があります。

一方、グロース株は収益拡大のスピードが速く、金利の低い局面で資金を借り入れて事業を拡大すれば、株価も上昇します。選択肢①はグロース株が評価される局面です。③のように景気が上昇局面から下降局面に入る際は一般に金融緩和が進むため、グロース株が評価されます。資源価格については上昇局面ではインフレとなり一般に金融引き締めですが、④はその逆なので、やはりグロース株が評価される局面と考えられます。

Q95 ソニーグループが2022年1月に電気自動車（EV）市場への参入を発表した際、吉田憲一郎会長兼社長（当時）は「車の価値を移動から（　　　）に変える」と述べた。当てはまる言葉はどれか。

① アート

② エコロジー

③ エンタメ

④ テクノロジー

Q96 日本の3メガ損保が2022年11月、23年3月期の連結純利益予想を下方修正した。その最も大きな原因になったのはどれか。

① ロシアのウクライナ侵攻

② 米国のハリケーン

③ 欧州の干ばつ

④ 日本の台風

A 95 = ❸

KEYWORD **モビリティーの再定義**

ソニーグループはホンダと提携して電気自動車（EV）事業に参入しましたが、それに先立ちソニーのトップが米ラスベガスで開催された世界最大のテクノロジーの見本市「CES」に出席した際の記者会見での発言です。選択肢の中からソニーならではの要素を考えると、同社の事業構成の中でもゲームなどが最大な「エンタメ」が浮かびます。

同社は自社の存在意義（パーパス）を「クリエイティビティとテクノロジーの力で、世界を感動で満たす」と定義しています。新規参入するEVについても、音楽や映像などを楽しむ空間と定義し直し、自動運転のための画像センサーや映像・音響など自社の得意技術を詰め込むとみられています。「テクノロジー」の要素もありますが、選択肢の③が当てはまると考えられます。

A 96 = ❷

KEYWORD **ハリケーン**

損害保険大手3社は2022年11月、23年3月期の連結純利益予想を下方修正し、東京海上ホールディングス（HD）は前期比12％減、MS&ADインシュアランスグループHDは同47％減、SOMPOHDは同64％減になると発表しました。その主因となったのは、22年9月に米フロリダ州に上陸した大型ハリケーン「イアン」です。22年11月時点で日本の3メガ損保は計1000億円超の支払いを見込んだほか、世界の保険会社全体で530億〜740億ドルと、最大10兆円規模の保険損害が出るとも予測されました。過去の保険損害額の最大は05年の米ハリケーン「カトリーナ」の650億ドルでした。

日本の損保の海外進出が進む一方で、地球温暖化による異常気象、特に米国のハリケーンの大型化のリスクが高まっています。

少子高齢化による高齢者の増加や社会保障の負担増など人口動態がマイナスに働く状態を「人口オーナス（onus＝重荷）」という。2023年から50年にかけて人口オーナス化が最も急速に進むと考えられる国はどれか。

❶ 日本

❷ 韓国

❸ 中国

❹ インド

以下の表は国連世界人口推計による2022年と2050年時点の世界の人口ランキングを示す。A〜Cに当てはまる国の組み合わせはどれか。

（単位：億人）

	2022年	
①	中国	14.3
②	インド	14.2
③	（ A ）	3.4
④	（ B ）	2.8
⑤	パキスタン	2.4
⑥	（ C ）	2.2

	2050年（予測）	
①	インド	16.7
②	中国	13.1
③	（ C ）	3.8
④	（ A ）	3.8
⑤	パキスタン	3.7
⑥	（ B ）	3.2

❶ A＝米国　　　　　B＝インドネシア　C＝ナイジェリア

❷ A＝インドネシア　B＝米国　　　　　C＝ナイジェリア

❸ A＝ナイジェリア　B＝米国　　　　　C＝インドネシア

❹ A＝米国　　　　　B＝ナイジェリア　C＝インドネシア

A 97 = ❸

KEYWORD 人口オーナス

人口構成の中で生産年齢人口（15〜64歳）の割合が高まっていく時期が人口ボーナス期、反対にその割合が低下し、生産年齢人口に対する従属人口（14歳以下と65歳以上）が上昇していくのが人口オーナス期です。世界に先駆け少子高齢化が進んだ日本は1990年代半ばから、韓国では2000年代半ばから人口オーナス期に入っています。中国は2020年ころから人口オーナス期に入りました。中国の生産年齢人口は22年の9.8億人から50年には7.7億人と、2億人以上も減る見通しです。中国の高齢化率（65歳以上の割合）は22年はまだ14%弱ですが、50年を過ぎると30%近くと、最近の日本並みになると予測されます。

23年には総人口で中国を抜くとみられるインドは2040年ころまでは人口ボーナス期が続くと予測されています。

A 98 = ❶

KEYWORD 世界の人口

世界の人口は2022年11月、80億人を超えました。国連が発表した「世界人口推計2022年版」によると、世界人口は30年に約85億人、50年に97億人に増え、80年代中に約104億人でピークに達し、2100年までそのレベルにとどまると予測されています。50年までに増加すると見込まれる20億人近くの半数超は、コンゴ民主共和国、エジプト、エチオピア、インド、ナイジェリア、パキスタン、フィリピン、タンザニアの8カ国に集中。特にアフリカの人口が現在の約14億人から50年には約25億人となり、「世界の4人に1人はアフリカ人」になります。

以上から選択肢を見ると、22年の6位から50年は3位に上がるのはナイジェリア。インドネシアは人口増の勢いが鈍化します。米国は移民の動向次第ですが3位のナイジェリアとほぼ同数と予測されています。

Q99 成熟企業がいわゆる「イノベーションのジレンマ」を乗り越えるための経営理論として、最もふさわしいのはどれか。

❶ コア・コンピタンス経営

❷ パーパス経営

❸ 両利きの経営

❹ レジリエンス経営

Q100 日銀が今後進めると考えられる金融政策の「出口戦略」に当てはまるのはどれか。

❶ 国債買い入れの縮小

❷ マイナス金利政策の強化

❸ 国債以外への保有資産の多様化

❹ 為替相場の円安誘導

A 99 = ❸

KEYWORD **イノベーションのジレンマ**

イノベーションのジレンマとは、成熟企業が既存の技術の改善にこだわるあまり、新しい技術（破壊的イノベーション）を展開する企業に追い越されることです。写真フィルムの世界的巨人だった米コダックがデジタルカメラ化に乗り遅れた例が、その典型として挙げられます。ハーバード・ビジネススクールのクリステンセン教授が唱えた理論です。

　選択肢の用語で、コア・コンピタンス経営は「自社の強みに集中」、パーパス経営は「自社の存在意義に沿う」、レジリエンス経営は「復元力を重視し危機を逆手に業績回復やさらなる成長につなげる」なので、上記のジレンマを乗り越える経営理論には適合しません。「両利きの経営」は既存事業の深掘りと新事業の探索に取り組むことでジレンマを乗り越えるもので、スタンフォード大学のオライリー教授らが唱えた経営理論です。

A 100 = ❶

KEYWORD **出口戦略**

出口戦略とは、もともと軍事用語で、戦場から撤退する際に人命や物資の損失を最小限に抑える作戦のことです。金融政策については、金融緩和から金融引き締めに転換する際にできるだけショックを抑え、ソフトランディング（軟着陸）を図る際にとる政策のことを指します。

　選択肢①の国債買い入れについては、日銀が2013年から展開してきた「異次元金融緩和政策」の中で、買入額を大胆に増額し、出回るおカネを増やす政策を取ってきました。量的金融緩和（QE）といいます。買い入れて保有している国債を売却して保有資産を減らす量的引き締め（QT）はその反対の引き締めですが、いきなり売却すると市場にショックを与えます。買い入れを徐々に縮小すること（テーパリング＝tapering）は出口戦略に当てはまります。他の選択肢は「金融緩和」の方向の政策です。

第**6**章

ステップアップ解説
Step-up

⭐ この章の趣旨

前章までは日経TESTの5つの評価軸に沿い、出題内容や出題形式の解説と練習問題を掲載しました。本章ではこれまでに身につけた知識と考える力（経済知力）をステップアップするために、その年度のトピックとなる大きなテーマをやや深く掘り下げて解説します。「経済が分かる」から「大きな流れをつかみ、先を読む」ヒントをつかんでいただくことが目的です。

経済の先を読むポイント
インフレ・金利・分断

6 ステップアップ解説

2023〜24年の経済の先を読むポイントを3つに絞ると、「インフレ」「金利」、そして「分断」です。米国が23年中にインフレ退治に成功するかどうか、その成否と時期が世界景気の動向を左右します。日本経済はここ10年続けてきた金融緩和政策が転機に立ち、その展開によっては為替相場も22年の超円安から、やや急激な円高に転じる可能性もあります。米中対立とロシアのウクライナ侵攻による世界の分断が深まれば、世界経済はより混沌とします。以上の3点を整理した後、23年度に予定されている経済・ビジネスのイベントを概観します。

世界景気の後退回避へ、米インフレ収束カギ

世界経済の先行きについては国連など主要な国際機関が毎年、見通しを発表しています。その中でも最も注目を集めるのが、国際通貨基金（IMF）が定期的に公表する世界経済見通し（World Economic Outlook ＝ WEO）です。2023年の世界の成長率についてIMFは22年4月、7月、10月と3回連続、見通しを引き下げていましたが、23年1月30日に公表した見通しでは前回10月の見通し（2.7％）を0.2ポイント引き上げ、2.9％成長を予測しました。

22年末にかけては多くの国がリセッション（景気後退）に陥る懸念が指摘されていましたが、23年に入り、持ち直す要素が出てきました。22年の成長率が3％と世界全体の

[図表6-1] IMF世界経済見通し（前年比、％）

	21年	22年	23年	24年
世界	6.2	3.4	2.9	3.1
米国	5.9	2.0	1.4	1.0
ユーロ圏	5.3	3.5	0.7	1.6
日本	2.1	1.4	1.8	0.9
中国	8.4	3.0	5.2	4.5
インド	8.7	6.8	6.1	6.8

（資料）国際通貨基金（IMF）、22年10月予測の23年1月改定版

成長率（3.4％）を下回っていた中国経済が、ゼロコロナ政策の解除により動き出したことです。23年の見通しを前年10月見通しより0.8ポイント上方修正し、5.2％にしました。欧州では、ユーロ圏の景気が底を打つと見て、0.7％の成長を見込みました。米国の成長率も0.4％上方修正し、1.4％としています。コロナ禍からの景気回復の勢いが鈍かった日本の23年の成長率はもともと米欧より高めに予測しており、1.8％成長を見込みます。

　この見通しどおりなら23年に世界経済が景気後退に陥ることはなく、24年の世界全体の成長率は3％台に回復しますが、そのカギを握るのが米国のインフレ退治の成否です。

　22年の世界経済の成長が大きく鈍ったのは、米国がインフレ対策で同年、7回にわたって政策金利を引き上げ、経済の過熱を抑えようとしてきた影響です。世界的なインフレの主因はロシアのウクライナ侵攻で一段と上昇したエネルギー価格ですが、米国内には、もう1つ大きな原因があります。20年のコロナ禍でいったん仕事を離れた労働者が元の仕事に戻らないなど、大離職時代（Great Resignation）ともいわれる人手不足による賃金の上昇です。

　22年末にかけては原油などエネルギー価格は落ち着き始め、米国の消費者物価上昇率は22年12月、6.5％まで低下しました。しかし、米連邦準備理事会（FRB）の金融引き締めの最終目標は、この物価上昇率を2％程度に落ち着かせることです。米国の政策金利は22年末時点で年4.25〜4.5％でした。23年1月時点では、金利は23年5月にかけて年5％台まで

[図表6-2] 米国の非農業部門雇用者の前月比増加数と失業率

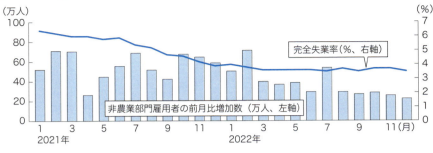

(資料) 米労働省

引き上げられた後、年内はその水準を維持するという見通しが大勢です。しかし、この見通しはそれによりインフレが鎮静するという前提によるものであり、インフレ退治に失敗すればさらなる利上げが必要となるシナリオも考えられます。

米国のインフレ率と金融政策を見るうえでポイントとなるのは、第2章の米国経済に関する入門解説でも見た「雇用」の動向です。その中でも最も注目される「非農業部門の雇用者数の前月比増減」の推移が図表6-2で、コロナ禍からの反動増が続いた22年前半にかけての雇用者数の大きな伸びが急激なインフレ進行につながりました。このグラフで見ると雇用者の増加数は落ち着いてきていますが、22年12月時点でもなお、雇用の強さの目安とされる「20万人」の水準を上回っています。また、同時点の完全失業率も3.5%まで低下しており、それぞれの数字はまだ労働需給の逼迫感が強いことを示していました。

米国が利上げで経済を冷やしすぎれば、同国も景気後退に陥ります。そのとき物価上昇も止まらなければスタグフレーション（インフレと景気後退の同時進行）です。米国の金融政策は難しいカジ取りを迫られます。左が米連邦公開市場委員会（FOMC）の日程です。

2023年のFOMC

第1回	1/31～2/1
第2回	3/21～22
第3回	5/2～3
第4回	6/13～14
第5回	7/25～26
第6回	9/19～20
第7回	10/31～11/1
第8回	12/12～13

異次元金融緩和に転機、日銀新体制で政策修正へ

次に、第2のポイントの日本の「金利」です。2022年3月の米国の政策金利引き上げ開始後、7月に欧州中央銀行（ECB）が利上げに踏み切る中でも、日銀が従来のマイナス金利政策を続けてきたことは、第1章の入門解説でも見ました。図表6-3のように日本の消費者物価上昇率が米欧に比

[図表6-3] **日米欧の消費者物価上昇率**

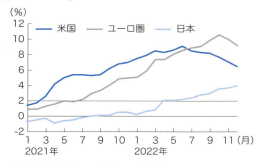

（資料）米労働省、EU統計局、総務省

べれば低かった一方、図表6-1で見た世界の経済成長率のように、日本は米欧が急回復した21年も2％そこそこの成長にとどまり、デフレ体質から脱却できていないためです。

22年10月に日米の金利差拡大から1ドル＝150円を突破する円安が生じた時期も、超金融緩和政策は堅持してきました。その中で22年12月、日銀が年内最後の金融政策決定会合で決めた長期金利の誘導目標引き上げは、金融市場に大きなサプライズとなりました。

日銀は16年1月にマイナス金利政策を導入。政策金利である日銀当座預金の一部に適用する金利をマイナス0.1％にしましたが、その効果を浸透させるために同年9月、長期金利（期間10年の国債の金利）を当初は0％プラスマイナス0.1％程度、18年7月に同0.2％程度、21年3月に同0.25％程度の変動幅に収まるように誘導してきました。日銀が指定した利回りで対象となる国債を無制限に買い入れる「指し値オペ」を行う政策で、「イールドカーブ・コントロール（YCC）」といいます。しかし、日銀が抑え込む10年物国債以外の金利が上昇し、残存期間7〜9年の国債利回りが10年債利回りを上回るなど、債券市場のゆがみが目立っていました。

そのゆがみを修正することを主な理由に22年12月の金融政策決定会合

[図表6-4] 日銀の国債保有残高と保有割合

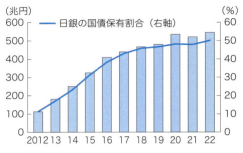

(資料) 日銀、各年の12月末時点。2022年は9月末時点

では変動幅を「プラスマイナス0.5％程度」に広げました。国債の買入額を引き続き増やす目標は維持したものの、この政策の修正により長期金利は上限いっぱいの0.5％に上昇し、「事実上の利上げ」となりました。日銀がこの10年間続けてきた「異次元金融緩和」にとって、大きな転機です。

日銀は23年3月には副総裁2人の任期満了、4月には13年から2期10年間務めてきた黒田総裁の任期満了を迎え、新体制に移行します。異次元金融緩和では図表6-4のように日銀が国債の買い入れを大幅に増やして資金を供給してきましたが、新体制ではこの政策の修正が進むと見られています。

この金融緩和政策の修正いかんでやや大きく動きそうなのが、為替レートです。円相場は22年末から23年1月にかけて130円前後で推移しました。米国の利上げにそろそろ「打ち止め感」が出てきただけに、日本の金利が上昇し日米の金利差が縮小すればさらなる円高が進むと考えられます。

金融緩和政策の修正が、「長期金利の変動幅の拡大」となるのか、あるいは「マイナス金利政策の撤廃」にまで踏み込むのかなどは世界経済・日本経済の動き次第です。「緩やかに円高が進む」のがメインシナリオと考えられますが、米国がインフレ退治に失敗して金利のさらなる引き上げが続いて日米金利差が大きく開くなどのケースでは再び円安が進む可能性も残っています。

分断深まる世界経済、権威主義対民主主義

　3つ目のポイントは、世界経済の「分断」の行方です。世界の政治経済は第2次世界大戦後、西側（米国とその同盟国の資本主義陣営）と東側（ソ連＝現ロシア＝とその同盟国の社会主義陣営）に分かれ、「東西冷戦」と呼ばれる分断状態でした。それが1980年代後半からソ連と東欧諸国の社会主義体制が崩れ、89年に東西ドイツの統一につながる「ベルリンの壁崩壊」が起きて米ソ冷戦が終結。そのころから改革開放路線を急速に進めた中国が「世界の工場」となる形で、米国主導のグローバル経済化が進みました。ヒト・モノ・カネが世界を自由に動き、最適な立地でモノが生産されることで、低インフレの時代が続きました。

　その時代の終わりが指摘され始めたのが2018年ころからです。米トランプ前政権発足や、経済規模で急速に米国を追い上げた中国の覇権主義化を背景に米中対立が鮮明となり、米バイデン政権も中国に依存しないサプライチェーン（供給網）構築策をとりました。このサプライチェーン分断によるコストの上昇も、世界で生じているインフレの背景の1つです。

　そして22年2月から始まったロシアのウクライナ侵攻です。ロシアは原油・天然ガスなどエネルギーのほか、食料を通じてアフリカなどの発展途上国に影響力を持ちます。英誌エコノミストの調査部門EIUによると、ロシアのウクライナ侵攻を非難したり制裁したりしている国々が世界人口に占める割合は22年3月時点、西側諸国を中心に36％に過ぎず、32％は中立、32％はロシアの主張を理解または支持する国々でした。

　米国と対立する中国も巻き込みながら、「権威主義陣営対民主主義陣営」の構図が増幅され、地政学リスクの火種が世界に広がります。日本周辺では24年1月に予定される台湾の総統選挙を前にした「台湾有事」のリスクが高まっています。こうした分断と対立が修復されるかどうかは、世界経済の動向に大きく影響します。

　以上、2023〜24年の経済のポイントをざっと点検しました。本書は23年1月までの情報に基づくため、皆さんが手に取られている時点で結論が

出ているかもしれませんが、それまでの経緯として参考になると思います。

　経済の先を見通すことは難しいのですが、これから予定される出来事をつかんでおくことで、ある程度先読みができます。以下に23年度の主な経済・ビジネス関連の予定表を掲載しました。政治経済のイベントばかりでなく、消費動向や流行に影響しそうなスポーツイベントや「周年」、ビジネスと密接にかかわる新制度なども、経済を動かす要素です。

2023年度の主な経済・ビジネス関連予定

2023年	
4月	● 日銀新体制（8日が前総裁の任期満了日） ● 統一地方選挙（大阪、神奈川、北海道など知事選）と衆院補欠選挙 ● こども家庭庁発足（内閣府や厚労省にまたがっていた関連政策を一元化） ● 改正道路交通法施行（自動運転「レベル4」や自動配送ロボットが解禁） ● 東京ディズニーリゾート開園40周年
5月	● 主要7カ国首脳会議（G7サミット、広島市、19～21日） ● トルコ大統領選挙 ● サッカーJリーグ30周年
6月	● 八十二銀行と長野銀行が経営統合
7月	● 北大西洋条約機構（NATO）首脳会議 ● 電動キックボードの公道走行が16歳以上免許不要に ● サッカー女子ワールドカップ（豪・NZ、20日～8月20日）
8月	● ジャクソンホール会議（米ワイオミング州、世界の中央銀行関係者や経済学者らが毎年集う経済シンポジウムで、市場関係者が注目）
9月	● 関東大震災から100年（1日） ● 主要20カ国首脳会議（G20サミット、ニューデリー、9～10日） ● ラグビーワールドカップ（フランス、8日～10月28日）
10月	● 消費税のインボイス制度（適格請求書等保存方式）が開始 ● ふくおかFGと福岡中央銀行が経営統合
11月	● 国連気候変動枠組条約第28回締約国会議（COP28、UAE、30～12月12日）
12月	● 経理のデジタル化（22年施行の改正電子帳簿保存法）の猶予期限
年内	● 森ビルの大型再開発「麻布台ヒルズ」（東京都港区）が竣工
2024年	
1月	● 少額投資非課税制度（NISA）恒久化（投資枠はつみたて型3倍、一般型2倍に） ● 台湾総統選挙
2月	● インドネシア大統領選挙
3月	● 米スーパーチューズデー（11月大統領選へ各州予備選・党員集会集中日） ● 北陸新幹線が敦賀（福井県）まで延伸開通（24年春予定）

まとめ・学習のポイント

　第1〜5章の入門解説・例題解説・練習問題と第6章ステップアップ解説を読んでいただいたところで、日経TESTの5つの評価軸に沿い、経済知識を吸収し、考える力を鍛えるコツを補足します。

基礎知識　経済の全体像を頭に入れ、自分ごと化し理解

　この「テキスト＆問題集」を通じての目的意識は、「習うより慣れよ」です。一つひとつの知識を細かく確認するより、実際に起きる経済ニュースに接しながら、その意味をつかんでいくことが大事です。その前提として必要な基礎知識は、本書内でほぼ網羅しています。分からない用語や疑問が出てきたら、本書巻末の「索引」も活用いただけます。

　マクロ経済の動き、特に金融政策はなじみにくく、ハードルが高い分野だと思いますが、2022年に起きた「超円安」の背景となった日米の金融政策の動きはビジネスや生活に影響し、その意味を実感できたと思います。23〜24年ほど内外の金融政策に関心が集まり、大きなニュースになる年は近年ないはずです。第6章ステップアップ解説でも補足した知識を利用しながら、経済の動きを追っていっていただければと思います。

　そのとき重要なことは、「経済の全体像」を頭に入れながら、1人当たり換算などでできるだけ「自分ごと化」し、理解していくことです。

　国の経済規模である国内総生産（GDP）は、それぞれの国が1年間にどれだけ付加価値を稼いだかを示します。企業でいえば粗利で、そこから従業員の給料も支払われます。最近よく取り上げられる「日本人の給料はここ30年間、ほとんど上がっていない」というデータは、日本全体が付加価値を稼げない国になっていることの表れです。日本がこの30年間、停滞している間に、かつて世界2位だった1人当たりGDPが20位台後半に低下したことは、第1章入門解説で取り上げた通りです。

　「稼ぐ力」は企業業績のニュースを理解するうえでも基本的な要素です。企業業績の主な指標としては売上高、営業利益、経常利益、純利益などが

ありますが、本業で稼いだ利益を示す営業利益は、その企業の事業の強さや将来性を最も反映し、株価にも大きく影響します。付加価値の高い商品・サービスを提供できているかどうかを示す指標であり、業績に関する記事を読む際のポイントとなります。

■複利計算と72（70）の法則

「72の法則」は、複利計算に使える簡単な計算法です。年率が5％より小さいときは「70÷年率」、5％より大きいときは「72÷年率」が、元の金額の2倍になる年数です。2022年度から拡充された高校の金融教育の授業でも紹介されるようになりました。お金を借りる・増やす際の知識として役立つほか、例えばGDPの成長率でも、年に2％ずつなら GDPが2倍になるのは35年、8％ずつなら9年で倍増、といったように、大きな数字のイメージをつかむうえでも役に立ちます。

実践知識　企業の動きを「つながり」でとらえる

　実践知識の分野は、大きく経営環境と企業戦略に分かれます。第2章の入門解説では前半で、米国、中国、欧州、アジア・新興国の経済の特徴を整理しました。それぞれ経済に加えて、政治の知識も重要です。中国は2022年10月の共産党大会で習近平総書記が異例の3期目に入り、「習一強」体制を固めましたが、経済運営には不安材料があります。第6章ステップアップ解説で詳しく補足した米国経済も含め、世界の経済の2大プレーヤーである米中の政治経済のニュースには特に、関心を払っていく必要があります。

　企業戦略については入門解説の後半で、自動車、電機、通信、金融、小売りなどの業界の動向を整理しました。自動車は従来、「自動車業界」という形でくくられてきましたが、電気自動車（EV）シフトにより異業種とのつながりが拡大し、「業界」の構図は大きく変わっています。

　それを象徴するのが、23年1月に米ラスベガスで開かれた世界最大のテクノロジー見本市「CES」で26年春に全米で発売するEV「アフィーラ」のコンセプトカーをお披露目したソニーグループとホンダの動きです。両社はこの場で新EVの開発について、半導体世界大手の米クアルコムと

232

も提携すると発表しました。同社はスマートフォン用の半導体（CPU＝中央演算処理装置＝などプロセッサー）で世界首位であり、ソニーとはスマホ「Xperia」で縁があります。EVが「走るスマホ」ともいわれる時代を象徴しています。

23年は4月に日本で自動運転の「レベル4」が解禁されるなど、自動運転を巡る動きも注目される年です。EVも含め自動車の供給制約になっていた半導体不足も解消されてきましたが、世界最大の自動車市場である中国の景気減速懸念という需要面での不安もあります。こちらは「経営環境」につながる要素です。

■半導体に4つの種類

　経済ニュースに頻繁に登場する「半導体」は、大きく4つの種類に分けられます。データを保存する「メモリー」、音や光、温度などの情報をデジタル信号に変換する「アナログ」、電圧を制御する「パワー」、そしてスマホやパソコンの頭脳を担う「ロジック」です。メモリーの代表的な企業が韓国・サムスン電子や米マイクロン・テクノロジー、アナログは米テキサス・インスツルメンツや日本のルネサスエレクトロニクス、パワー半導体は日本の三菱電機やロームなど、ロジックは米国のインテル、クアルコム、エヌビディアなどが主な企業です。次世代半導体の国産化を目指す日本の新会社ラピダスはロジック半導体の高度化を目指します。

視野の広さ 「知る」は力、何でも経済につながる

　この評価軸の出題範囲を定義すると、「狭義の経済の枠を超えた、内外の政治、社会、科学技術などの動向や、流行など多様な社会現象」です。幅が広すぎるので「学ぶ」というより、普段からどのようにビジネスにつながる一般知識を吸収しているかが問われます。

　知識を吸収する前提として、「仕組み」を理解しておくことが大事です。第3章の入門解説では、政府と国会の仕組みやスケジュールに関する知識を前年版に引き続き整理しました。

　入門解説の2つ目のトピックでは「食料」を取り上げました。ロシアのウクライナ侵攻では天然ガスなどエネルギー問題が真っ先に注目されまし

たが、世界全体に目を向けると、食料問題がより深刻です。

　解説でも取り上げましたが、農作物だけでなく「肥料」にも要注目です。2022年春、スリランカの経済危機が大きく報じられました。同国は5月にデフォルト（債務不履行）に陥り、中国からの借金による「債務のわな」も指摘されましたが、危機の直接の引き金となったのは、前大統領が21年に進めた急激な有機農業への移行（化学肥料と農薬の輸入・使用の禁止）によるコメや主要輸出品目である紅茶の生産激減でした。化学肥料なしでは世界の食料需給に深刻な影響が出ることを象徴します。

　23年1月、ブラジルで前年10月に行われた大統領選に勝利し就任したばかりのルラ大統領に反発する前大統領支持者の一部が議会や大統領府を襲撃し、大きなニュースになりました。これは練習問題Q46で取り上げた、中南米で相次ぐ左派政権誕生に関連した動きです。このような背景を知っておくと、世界で起きている出来事が理解しやすくなります。

　22年11月、高騰が続いていた高級コーヒー豆の国際価格が急落しました。世界の需要の4分の1を占める欧州の消費がインフレで落ち込んだことが主因ですが、主産地であるブラジルでの左派政権誕生により「社会保障の拡大→財政悪化」による通貨レアル安が進むと予想され、ブラジルからのコーヒー豆輸出が大幅に増えると見込まれたことがきっかけになりました。日本経済新聞の「マーケット商品」面で報じられたニュースですが、国際政治の動きが身近な商品にも影響する一例です。

■計量単位の接頭語、「ゼタ」「ヨタ」の上に「ロナ」

　ネット社会で世界のデータ量が増える中で、10の21乗を表す「ゼタ」、24乗を表す「ヨタ」という言葉を聞きます。それぞれ計量単位の接頭語で、地球上のコンピューターから生成されるデータ量（単位はバイト）は2011年に1ゼタバイトを超え、30年代には1ヨタバイトに達すると予想されています。それぞれ1991年の国際度量衡委員会の総会で追加されていましたが、22年の同総会で31年ぶりに新しい接頭語が追加されました。ヨタの上のロナ（10の27乗）とその上のクエタ（10の30乗）です。ヨタでは表せなくなるケタ数のデータ量を表示する時代が来るのに備えたもので、ネットを巡るニュースに登場する日も近いかもしれません。

知識を知恵にする力 ニュースに共通するキーワードに注目

　複数の事例から共通するキーワードを探したり、ある要素に関連する事例を集めたり、外れるものを探したりといった形式で帰納的な思考力を試すのが、この評価軸の出題です。第4章の例題解説ではそれぞれ、具体的な企業の事例を条件文や選択肢に挙げました。日経TESTの実際の出題でも、このような「事例型」が目立ちます。

　2つ目の例題で取り上げた「リスキリング」は日本経済新聞紙上に最近、よく登場するキーワードです。日経では2023年の1月1日付と3日付の朝刊に「リスキリングが変える」と題した連載記事を掲載し、国内企業や世界の動向をまとめました。1月9日付朝刊1面では、総合化学大手の三井化学が国内グループ会社の全社員約1万1000人を対象にDX（デジタルトランスフォーメーション）教育を行い、30年度までに教育を中心にDX関連で約1000億円を投資するというニュースを報じています。

　日経電子版のユーザーの皆さんは既にご利用かもしれませんが、電子版ではキーワードやトピックをフォローする機能を使うことで、リスキリングなどに関連する記事をまとめて読むことができます。

　最近の経済・ビジネスのキーワードとしては、いずれも第4章の練習問題で取り上げた「アセットライト経営」「ESG投資」「経済安全保障」「サプライチェーン」「エシカル消費」「ジョブ型雇用」「人権デューデリジェンス」などがあります。経済ニュースに接する中で、その企業の動きがどのようなキーワードに当てはまるかに関心を払っておくことが、この評価軸の問題に強くなるコツです。

　大きな経済ニュースになることが多い企業のM&A（合併・買収）も、その目的などによりいくつかパターンがあります。垂直統合か水平分業か、既存事業の拡大か新分野開拓か、友好的買収か敵対的買収かなど、いくつかの視点があります。企業買収のニュースが報じられた際は、どのタイプなのか、その目的や背景を意識しておくことも役立ちます。

　練習問題の終盤で取り上げた量子コンピューター、Web3などテクノロジー関連のキーワードも要注目です。メタバースなど経済を大きく変える力を秘める動きを理解するのに欠かせません。人工知能（AI）では文章

や画像を自動生成する次世代技術「生成AI」が新たなキーワードになり始めています。

■経営戦略を知る基本用語

　第4章、5章で取り上げた「考える力」を問う問題では、経営戦略やマーケティングに関するテーマが多く出題されます。その際に使う「3C」「STP」「4P」などの用語は、第1章入門解説のマーケティングの項で解説しました。そのほか重要な考え方としては、いずれも米国の経営学者であるピーター・ドラッカーのマネジメント論（企業の目的は顧客の創造）、フィリップ・コトラーの競争地位戦略（マーケットシェアから企業を4分類）、マイケル・ポーターの5フォース分析（業界における5つの競争要因）がよく登場します。それぞれ覚えておきたいビジネス用語としてさまざまなウェブサイトなどでも解説されているので、内容をつかんでおくと役立ちます。

知恵を活用する力　原因・背景を意識、法則性と流れをつかむ

　複数の事例から共通点を探す形式が多い第4章の問題に対して、第5章の出題は、ある事柄が起きたときの原因・背景または結果を推論して正解を導くのが典型的な形式です。第5章の例題解説では例年、世界の金融・商品市場での動きを題材にしています。本年版ではリスクオフ資産である金（ゴールド）を取り上げました。

　為替や株式など金融市場の動き方を理解するには、第1章入門解説で取り上げた円高・円安や金利と株価の関係などの基本知識がまず必要です。そのうえで第5章の例題解説でも取り上げたリスクオン・リスクオフなどの考え方や経験則を応用することになります。

　金融市場については「実際のケースで考えてみる」ことが最も役に立ちます。市場が動くきっかけとしては、第6章ステップアップ解説でも取り上げた米国の雇用統計や消費者物価など、重要な経済指標の発表があります。経済ニュースでは市場がその統計の内容によりどう動いたかの理由や背景が解説されるので、その都度、「どうしてそうなったか」という理屈を理解しておくと役に立ちます。また、やや応用編ですが、日本経済新聞の紙面には市場の先を読むマーケットコラムや、さまざまな市場関係者に

見通しを聞くインタビュー記事があります。先を読む力を養うのに格好の題材となります。

　最近の経済やビジネスはVUCA（Volatility＝変動性、Uncertainty＝不確実性、Complexity＝複雑性、Ambiguity＝曖昧性）の時代といわれ、想定外の事態が相次ぎ、今までの経験則は通じにくくなっていますが、その中にも変わらないルールや大きな流れはあります。

　練習問題では「金利上昇でどうなる」「自動車の電動化でどうなる」といったテーマを最初に取り上げました。日本と世界の人口動向から考える問題もありました。経済ニュースに接する際、「原因・背景」や「目的・ねらい」は何かを意識しておくことが、この評価軸の問題に強くなるコツです。

学習の参考

　最後に、日経TESTのスコアアップにも役立つ、日本経済新聞グループの書籍を紹介します。それぞれ本書では紙幅上触れられなかった、さらに幅広い業界知識や用語、分野をカバーしています。

・『日経業界地図2023年版』（日本経済新聞社編）
　177の業界の4400の企業・団体が登場し、それぞれの業界の主な企業の概要・特徴・提携・ライバル関係などが図解されています。ニュースに登場する企業のプロフィルも簡潔につかめます。

・『Q＆A日本経済のニュースがわかる！ 2023年版』（日本経済新聞社編）
　最近のニュースについての疑問に日本経済新聞の記者がQ＆A形式で答える形式です。政治、国際、科学などの分野も幅広く扱っています。

・『日経キーワード2023-2024』（日経HR編集部編）
　11のテーマに分けたキーワード500語以上を解説しています。就職・資格・昇進試験などで問われる時事用語を網羅した、キーワード解説集です。経済以外の一般知識の用語も豊富です。

日経TESTの実施要項、種類など

　日経TESTには、同時期に日本全国で実施する「全国一斉試験」と、全国主要都市のCBT（コンピューターによる試験）施設を選んで受験する「テストセンター試験」、そして企業・団体向けに随時実施可能な「企業・団体試験」があります。以上3つは出題する問題は異なりますが、同一形式・同一尺度で経済知力を測るテストです。このほか企業・団体専用で社員研修などに活用いただける日経TEST準拠教材「研修ドリル」もあります。

　それぞれの試験の概要は以下です。

種別	全国一斉試験	企業・団体試験	テストセンター試験	研修ドリル
目的	能力を測定	能力を測定	能力を測定	教育・研修
時期	同時期に全国一斉に実施	任意の日時に実施	随時実施（試験施設と個別に調整）	任意の日時に実施
実施場所	ご自宅など	任意の会場（社内の会議室など）	試験施設	任意の会場（社内の会議室など）
分析	項目反応理論によるスコア制	項目反応理論によるスコア制	項目反応理論によるスコア制	点数（素点）と参考スコア
方式	ウェブ	ウェブまたはマークシート*1	ウェブ	ウェブまたはマークシート*2
時間	80分	80分	80分	40分
問題数	100問	100問	100問	日経TEST準拠50問
成績	スコア、偏差値、分析、講評	スコア、偏差値、分析、講評	スコア、偏差値、分析、講評	点数（素点）、参考スコア、正解と解説
問題・正解	非公開	非公開	非公開	正解・解説冊子とともに受験者・企業に提供
受験料	5,500円	5,500円*3	6,600円	5,500円*3

＊1：事業所内であれば一斉の受験でなくても可能　　＊2：自宅でも受験可能　　＊3：団体割引あり

全国一斉試験（オンライン試験）について

　インターネットに接続されたカメラ付きパソコンを使い、ウェブ受験します。日本国内であれば、ご自宅など、どこでも受験可能です。公正な試験運営のため、受験中は監視を行います。

　企業・団体・大学などの単位で社員・職員・学生の受験を申し込むことも可能です。受験された団体には参加した社員・職員らの「成績一覧表」、まとめて傾向を分析した「団体分析表」を無料で提供します。

　2023年の全国一斉試験（オンライン試験）の実施日時、お申込み、受験要領の詳細などは、下記ウェブサイトでご確認ください。

法人向け
https://school.nikkei.co.jp/special/ntest/test.html
個人向け
https://school.nikkei.co.jp/special/ntest/individual/test.html

テストセンター試験について

　全国のテストセンター（主要都市にあるパソコン教室・専門学校などのCBT施設）で、受験可能な日を選び受験します。全国一斉試験と同様、企業・団体単位での受験も受け付けます。詳細は下記ウェブサイトでご確認ください。

https://school.nikkei.co.jp/special/ntest/individual/center.html

企業・団体試験と研修ドリルについて

　企業・団体単位でお申込みいただく日経TEST「企業・団体試験」は、社員の昇進・昇格や人事考課、学びの習慣づけなど意識改革、新入社員・内定者研修や採用選考などでの利用を想定しています。

　全国一斉試験、テストセンター試験と出題する問題は異なりますが、同一形式・同一尺度で経済知力を測ります。集合形式でマークシート方式の筆記試験を実施する場合は、日経TEST事務局から試験監督を派遣します。試験監督派遣料が別途必要です。団体分析表のほか、業界内での位置

などを分析した比較診断分析表をオプション（有料）で提供します。パソコンでのウェブ受験をご利用の場合は、ウェブ監視を受けながら受験する方法、もしくは事業所内で監視をしていただきながら受験をする方法のいずれかを選んでください。

　研修用に日経TESTの問題に準拠したテスト問題を提供し、ご希望により講義などもセットで提供するのが「研修ドリル」です。問題数は日経TESTの半分の50問で、実際の日経TESTを受験した場合を想定した「参考スコア」を算出。問題冊子と正解・解説冊子は提供します。研修目的での活用に、日本経済新聞社の研修・解説委員を派遣する「解説講義」をオプションメニューとしてご用意しています。

　企業単位で日経TESTを活用している法人は、全国一斉試験への法人単位での参加も合わせて多数に上ります。以下は企業の活用例です。

対象	社員の意識改革	教育・研修	人事考課	昇進・昇格	採用試験
入社前		学びの習慣づけ ビジネスに必要な基礎知識の育成	入社前の現状把握		入社試験
新人（1年未満）	学びの習慣づけ 視野を広げる	ビジネスに必要な知識と考える力の育成	入社時の現状把握		中途採用試験
若手・中堅	学習意欲の喚起	次世代ビジネスリーダーの育成	能力開発の達成度把握	若手選抜試験 幹部候補登用試験	中途採用試験
管理職	学習意欲の喚起	ビジネス創造力・問題解決能力の育成	知識量と考える力を把握	管理職試験	中途採用試験
社員横断的に	学びの習慣の確立	「気づき」の重要性の認識向上	自己研鑽奨励		

索引

数字・アルファベット

2025年問題 …………… 144, 210
2040年問題 ………………… 144
3C分析 ……………………… 53, 72
3面等価 ……………………… 22
4P戦略 ……………………… 54, 72
5G ………………………… 104
6G ………………………… 105
72の法則 ………………… 232
ASEAN ……………………… 89
ASEAN5 …………………… 120
AUKUS …………………… 83, 154
BCP ……………………… 74
BOPIS …………………… 186
BtoB ……………………… 18
BtoC ……………………… 18
CASE …………………… 96, 126
CES ……………………… 218
CMOSセンサー …………… 101
COP27 …………………… 208
CRM ……………………… 74
CSR ……………………… 49
D2C …………………… 54, 186, 214
DeFi ……………………… 194
DX …………………… 172, 202
DX経営 …………………… 214

ECB ……………………… 36, 85
EMS ……………………… 52
EPA ……………………… 91
ESG投資 …………………… 49, 182
ETF ……………………… 62
EU ……………………… 85, 122
EV ……………………… 97
EVシフト …………………… 95
eスポーツ ………………… 162
FA …………………… 101, 130
FCV ……………………… 95
FOMC …………………… 36, 226
FRB ……………………… 36, 79
FTA ……………………… 91
FX ……………………… 38
G20 ……………………… 90
G7 ……………………… 90
GAFAM …………………… 116
GDP ……………………… 19, 56
GDPR …………………… 122
GMS …………………… 110, 132
GNI ……………………… 22
GPIF …………………… 49
GPU …………………… 100, 126
GX基本方針 ……………… 208
HTGR …………………… 158
HV ……………………… 96

IOWN ⋯⋯⋯⋯⋯⋯⋯⋯⋯ 105	SWOT分析 ⋯⋯⋯⋯⋯⋯⋯⋯ 53
IPEF ⋯⋯⋯⋯⋯⋯⋯⋯ 92, 206	S&P500種株価指数 ⋯⋯⋯⋯⋯ 40
iPS細胞 ⋯⋯⋯⋯⋯⋯⋯⋯ 102	TPP ⋯⋯⋯⋯⋯⋯⋯⋯ 91, 122
KPI ⋯⋯⋯⋯⋯⋯⋯⋯⋯⋯ 74	USMCA ⋯⋯⋯⋯⋯⋯⋯⋯⋯ 77
LME ⋯⋯⋯⋯⋯⋯⋯⋯⋯⋯ 74	VUCA ⋯⋯⋯⋯⋯⋯⋯⋯⋯ 237
LNG ⋯⋯⋯⋯⋯⋯ 90, 124, 150	Web3 ⋯⋯⋯⋯⋯⋯⋯ 162, 194
LTV ⋯⋯⋯⋯⋯⋯⋯⋯ 74, 214	WTO ⋯⋯⋯⋯⋯⋯⋯⋯⋯⋯ 91
MaaS ⋯⋯⋯⋯⋯⋯⋯⋯⋯ 97	Xゲーム ⋯⋯⋯⋯⋯⋯⋯⋯ 162
MLCC ⋯⋯⋯⋯⋯⋯⋯⋯⋯ 103	Z世代 ⋯⋯⋯⋯⋯⋯ 144, 146, 186
NAND型フラッシュメモリー ⋯⋯⋯ 101	
NATO ⋯⋯⋯⋯⋯⋯⋯⋯⋯ 154	**あ**
NFT ⋯⋯⋯⋯⋯⋯⋯⋯ 162, 194	
NISA ⋯⋯⋯⋯⋯⋯⋯ 182, 230	アクティビスト ⋯⋯⋯⋯⋯⋯⋯ 47
OFF-JT ⋯⋯⋯⋯⋯⋯ 174, 210	アジアNIES ⋯⋯⋯⋯⋯⋯⋯⋯ 88
OMO ⋯⋯⋯⋯⋯⋯⋯⋯⋯ 186	アセットライト経営 ⋯⋯⋯⋯⋯ 180
OTA ⋯⋯⋯⋯⋯⋯⋯⋯⋯ 96	アベノミクス ⋯⋯⋯⋯⋯ 28, 35
PB ⋯⋯⋯⋯⋯⋯⋯⋯⋯⋯ 112	粗利 ⋯⋯⋯⋯⋯⋯⋯⋯⋯⋯ 42
PBR ⋯⋯⋯⋯⋯⋯⋯⋯ 48, 215	アルテミス計画 ⋯⋯⋯⋯⋯⋯ 160
PER ⋯⋯⋯⋯⋯⋯⋯⋯⋯ 215	α世代 ⋯⋯⋯⋯⋯⋯⋯⋯⋯ 144
QCD ⋯⋯⋯⋯⋯⋯⋯⋯⋯ 52	アルムナイ ⋯⋯⋯⋯⋯⋯⋯ 166
Quad ⋯⋯⋯⋯⋯⋯⋯ 83, 154	暗号資産（仮想通貨）⋯⋯⋯⋯⋯ 204
RCEP ⋯⋯⋯⋯⋯⋯⋯ 92, 122	いざなぎ景気 ⋯⋯⋯⋯⋯⋯⋯ 28
REIT ⋯⋯⋯⋯⋯⋯⋯⋯⋯ 62	異次元金融緩和政策 ⋯⋯ 35, 204, 222, 228
ROA ⋯⋯⋯⋯⋯⋯⋯⋯ 48, 180	意匠権 ⋯⋯⋯⋯⋯⋯⋯⋯⋯ 70
ROE ⋯⋯⋯⋯⋯⋯⋯⋯ 48, 68	一国2制度 ⋯⋯⋯⋯⋯⋯⋯⋯ 83
ROIC ⋯⋯⋯⋯⋯⋯⋯⋯⋯ 180	一帯一路 ⋯⋯⋯⋯⋯⋯⋯⋯ 82
SMR ⋯⋯⋯⋯⋯⋯⋯⋯⋯ 158	一般会計 ⋯⋯⋯⋯⋯⋯⋯⋯ 31
SPA ⋯⋯⋯⋯⋯⋯⋯⋯⋯ 113	イノベーションのジレンマ ⋯⋯⋯⋯ 222
STP分析 ⋯⋯⋯⋯⋯⋯⋯⋯ 53	イールドカーブ・コントロール（YCC）
SWIFT ⋯⋯⋯⋯⋯⋯⋯⋯⋯ 158	35, 227

インバウンド消費	56
インフォデミック	186
インフレ	27, 34, 224
インボイス制度	230
ウェルビーイング	188
宇宙港	160
売上総利益	42
売りオペ	34
営業利益	42, 46
エイジテック	169
エシカル消費	188
越境ネット通販	184
円高	37, 176, 228
円安	37, 56, 176
欧州委員会	85
オートミール	164
オルタナティブデータ	194

か

買いオペ	34
外貨準備高	38
外需	20
改正銀行法	109
改正道路交通法	230
かかりつけ医	212
閣議決定	138
革新軽水炉	158
家計の金融資産	182
カスタマーサクセス	54

画像診断機器	180
家電量販店	113
株主総会	47
カーボンプライシング	208
為替介入	38
監査等委員会設置会社	47
監査役会設置会社	47
完全子会社化	105, 134
完全失業率	26, 78
かんばん方式	52
機関投資家	49, 108
企業物価指数	28, 58
基礎的財政収支	33
キャッシュフロー	68
キャッシュフロー計算書	44
キャッシュレス決済	109
共同富裕	82, 118
京都系	130
業務純益	106
金	198
金融緩和	34
金融政策	34, 36, 62, 78
金融引き締め	34
国と地方の長期債務	32
グラスゴー金融同盟	158
グロース株	216
グローバル企業	22, 43, 56
軍事用ドローン	156
景気	30
景気ウオッチャー調査	30

景気動向指数		28, 58
景気敏感株		176
経済安全保障推進法		184
経済成長率		20
経常収支		60, 78
経常利益		42
決算短信		41
月面開発		160
月例経済報告		28
権威主義対民主主義		229
原子力発電		87, 192, 208
コア・コンピタンス経営		222
交易条件		37
公開市場操作		34
公共投資		20
合計特殊出生率		143
公債金		31
高年齢者雇用安定法		212
購買力平価（PPP）		200
国際会計基準（IFRS）		43
国際農産物		142, 148
国債費		31
個人消費		20, 77
コスパ		146
こども家庭庁		230
コトラーの競争地位戦略		236
コバルト		150, 190
コーポレートガバナンス		47
コーポレートガバナンス・コード		40, 48, 216

コモディティー化		52, 98
雇用者報酬		22
コンビニ		112

さ

財政		31, 86
財閥系企業		120
サウジアラムコ		116
サーキュラーエコノミー		188
指し値オペ		227
サハリン2		150
サービス収支		60
サブスクリプション		54, 214
サプライチェーン		92, 184, 206, 229
サブロク協定		50
シェール革命		124, 150
時価総額		39
資源国		90
自社株買い		48
実質GDP		20
実質実効為替レート		37
実需		37
自動運転		126
自動車の電動化		94, 103, 206
指名委員会等設置会社		47
社会主義現代化強国		82, 118
社会保障関係費		32, 60
社会保障給付費		60
ジャスト・イン・タイム		52

ジャパニーズウイスキー	148	政府消費	20
上海協力機構	154	生物多様性	182
上海総合指数	39	世界経済見通し	224
衆議院の解散	139	世界人口推計	220
周波数変換所	208	設備投資	20
出生数	84, 143	全人代	83
出力制御	192	全世代型社会保障	212
純輸出	23	選択と集中	99, 128
純利益	43	総合小売り	113, 132
小康社会	82	総合商社	114, 128
消費者物価指数	27, 58	双循環	82
食料自給率	142	ソフトデータ	30
ジョブ型雇用	51, 173, 190	損益計算書	42, 66
人権デューデリジェンス	190		
人口オーナス	220	**た**	
人工知能（AI）	172		
人口ボーナス	220	第1次所得収支	60
人材投資	210	第2次所得収支	60
垂直統合	178	貸借対照表	43, 66
水平分業	178	タイパ	146, 186
スイングステート	142	ダイバーシティー経営	190
スタグフレーション	226	大離職時代	225
スーパーコンピューター	101, 194	台湾有事	229
スーパーチューズデー	152	ダウ工業株30種平均	39
スマート農業	188	脱炭素	90, 95, 114, 208
スリープテック	170	多能工	52
政策金利	34, 79	団塊ジュニア世代	144
生産年齢人口	84, 202, 210, 220	団塊の世代	33, 143, 210
生成AI	236	地政学リスク	176, 229
製造業のサービス化	178	知的財産権	70

地方銀行	108, 134	電子商取引（EC）	105, 113
地方交付税交付金等	31	電子部品	103, 130
チャイナセブン	83	天然ガス	87, 150, 192
チャイナテック	118	銅	74, 199
チャイナプラスワン	120	同一労働同一賃金	50
中間選挙	79	動画配信	105
中距離弾道ミサイル	156	東京都心再開発	166
中国共産党	83, 118	東証改革	64, 216
中国式現代化	83	東証株価指数（TOPIX）	39, 216
中国人民銀行	204	独占禁止法の適用除外	109
中国製造2025	82	特定秘密保護法	184
中進国の罠	120	トヨタ生産方式	52
長期金利	62, 198, 227	ドラッカーのマネジメント論	236
長短金利操作付き量的・		取締役	47
質的金融緩和	35		
著作権	70	**な**	
チル消費	186		
通常国会	138	内閣	137
通信キャリア	104	内需	20
ディフェンシブ株	176	ナスダック総合株価指数	39
ディープラーニング	126	日銀	34, 36
デカップリング	80	日銀短観	30
出口戦略	222	日経MJヒット商品番付	144
デジタルマーケティング	54	日経平均株価	39, 64
テック企業	169	ニッケル	150
テーパリング	222	ねじれ議会	80, 152
デフレ	22, 27, 35	ネット広告	54
デュアルマンデート	79		
デリバティブ（金融派生商品）	40		
電源構成	192		

は

バイデン政権	79, 92, 206
破壊的イノベーション	222
働き方改革関連法	50, 70
バッテリーメタル	150
ハードデータ	30
パーパス経営	49, 222
バブル崩壊	64
パーム油	190
パラジウム	150
ハリケーン	218
バリュー株	216
パワー半導体	178
販管費	42
半導体	100, 130, 178, 233
半導体製造装置	180
微細化	100, 130
非正規社員	51
1人当たりGDP	24, 82, 89, 120
一人っ子政策	84
非農業部門の雇用者数	116, 226
肥満症	164
百貨店	112
肥料の3要素	141
ピンクの潮流	152
ファイブ・アイズ	154
ファウンドリー	100, 178
ファブレス	52, 178
風力発電	192

不正競争防止法	70
プライム市場	40, 64, 216
ブラックアウト	192
フリーキャッシュフロー（FCF）	44
フリーミアム	54
ブレグジット	87
ブロックチェーン	162, 194
米金利	197, 204
米雇用統計	79, 116
米大統領選挙	80, 152
防衛3文書	137
防衛関係費	33
貿易収支	60, 77
包括業務提携	134
法定労働時間	50
ポーターの5フォース分析	236
ポピュリズム	87

ま

マクロ経済政策	31
マーケティング	53
ミスマッチ失業率	26
ミセス・ワタナベ	38
未富先老	84
ミレニアル世代	144
メインバンク	47
メガFTA	91, 122
メガサプライヤー	97, 206
メガバンク	107

メガファーマ ……………………… 164

メタバース ……………………… 162

メンバーシップ型雇用 ……… 51, 190

モジュール化 ……………………… 52

モビリティーの再定義 …………… 218

や

有効求人倍率 ……………………… 26

ユニコーン ………………………… 90

ユーロ ……………………………… 85

預貸金利ザヤ …………………… 106

ら

ラピダス ………………………… 100

利益剰余金 ………………………… 43

リカーリング …………………… 100

リカレント教育 ………………… 174

リスキリング ……………… 173, 210

リスクオフ ………………… 176, 197

リスクオン ………………… 176, 197

リチウムイオン電池 …………… 150

リープフロッグ ………………… 206

リーマン危機 ……………… 64, 78, 98

両利きの経営 …………………… 222

量子アニーリング ……………… 194

量子コンピューター ……… 101, 194

量的金融緩和（QE）……… 35, 222

量的引き締め（QT）……… 35, 222

臨時国会 ………………………… 138

レアメタル ……………………… 150

レジリエンス経営 ……………… 222

連邦議会 …………………………… 80

労働生産性 ……………………… 200

労働分配率 ………………………… 22

ロジック半導体 ………… 100, 233

ロスジェネ世代 ………………… 144

日経TEST公式テキスト＆問題集　2023-24年版

2023 年 3 月 8 日　1 版 1 刷

編　者	日本経済新聞社
	©Nikkei Inc., 2023
発行者	國分正哉

発行　　株式会社日経 BP
　　　　日本経済新聞出版
発売　　株式会社日経 BP マーケティング
　　　　〒 105-8308　東京都港区虎ノ門 4-3-12

タイトルデザイン	佐藤可士和
ブックデザイン	奥瀬義樹
本文組版	マーリンクレイン
印刷・製本	三松堂
	ISBN978-4-296-11643-0

本書の無断複写・複製（コピー等）は著作権法上の例外を除き，禁じられています。
購入者以外の第三者による電子データ化および電子書籍化は，私的使用を含め一切認められておりません。
本書籍に関するお問い合わせ，ご連絡は下記にて承ります。
https://nkbp.jp/booksQA

Printed in Japan